胡八一◎著

家族企业人力资源管理实务

北京大学出版社
PEKING UNIVERSITY PRESS

图书在版编目（CIP）数据

家族企业人力资源管理实务/胡八一著．—北京：北京大学出版社，2011.1

ISBN 978-7-301-18068-6

Ⅰ．家…　Ⅱ．胡…　Ⅲ．家族—私营企业—企业管理—劳动力资源—资源管理
Ⅳ．F276.5

中国版本图书馆 CIP 数据核字（2010）第 220852 号

书　　　名：家族企业人力资源管理实务

著作责任者：胡八一　著
责 任 编 辑：秦　雯
标 准 书 号：ISBN 978-7-301-18068-6/F·2637
出 版 发 行：北京大学出版社
地　　　址：北京市海淀区成府路 205 号　100871
网　　　址：http://www.pup.cn
电　　　话：邮购部 62752015　　发行部 62750672
　　　　　　编辑部 82893506　　出版部 62754962
电 子 邮 箱：tbcbooks@vip.163.com
印　刷　者：北京正合鼎业印刷技术有限公司
经　销　者：新华书店
　　　　　　787 毫米×1092 毫米　16 开本　16.75 印张　250 千字
　　　　　　2011 年 1 月第 1 版第 1 次印刷
定　　　价：48.00 元

目录

CONTENTS

第三章 走出人力资源管理困境

企业老板对人力资源部的工作及制定的人力资源战略抱着怀疑态度,总觉得人力资源管理是最没有技术含量的工作,家族企业与生俱来的管理困境,导致企业人力资源部虽然是正常设置的部门,但在管理上却处于尴尬的境地。

第四章 千方百计留住优秀人才

虽然有不少家族企业为招聘优秀人才做出了很大努力,但结果却差强人意,良将难求,留人更难,家族企业的人才流失不再是个别现象,而是已经成为制约我国家族企业进一步发展壮大的难题。

第五章 走出家族企业培训误区

越来越多的家族企业认识到培训的重要性,希望通过培训提高员工技能,增强企业核心竞争力。但实际中常常是企业老板投入很多人力财力,却因为很多主观和客观的原因,导致企业培训效果大打折扣。

第六章 | 突破绩效考核的"瓶颈"

一些家族企业虽然实行了一整套规范、系统的绩效考核制度,可考核一段时间后,企业和员工都开始松懈下来,失去了实施绩效考核的热情,一些员工内心还有了一些反抗情绪。

第七章 | 薪酬制度的优化设计

家族企业的薪酬设计,考虑最多的是能否体现出公平性、补偿性、透明性原则等,而对整个薪酬设计缺乏科学、合理的战略规划。家族企业在薪酬设计时,必须要抓住薪酬设计上的关键环节,及时走出薪酬管理上的认识误区。

第八章 | 变文化软肋为文化软实力

家族企业文化是以家族成员的利益为重,对外来人才缺乏人文关怀,很多都是企业家的个人观念和管理方式的总结和提炼。这样的家文化缺乏感召力,外来员工也难以融入这样的家文化里,外来员工面对的是"文化沙漠"。

第九章 建立健康和谐的人际关系

我国家族企业以血缘关系为主的人际关系，能够很好地形成企业内部的凝聚力。但是随着家族企业的发展壮大，家族企业的人际关系，正在考验着企业家的管理智慧。

第十章 顺利完成代际传承

传承问题，其实是家族企业发展中最敏感又深感头疼的问题。家族企业的传承大戏能否唱得好、唱得响亮，将决定家族企业能否顺畅延续，能否获得更强劲的生命力。

附 录

序

PREFACE

基业长青、永续经营，是每一个家族企业创业者的追求和梦想。改革开放以来，我国一些家族企业经历了由作坊式的“单兵作战”到跨行业、跨领域的“规模化、集团化”发展，从传统行业拓宽到电子、机械等高新技术领域。在激烈的国内外市场竞争中，我国一些家族企业凭借强大的家族凝聚力、创业者凭着敏捷的商业头脑和智慧，领先一步捕捉到商机，使家族企业得以发展壮大。

这些不断发展的大型家族企业，及时导入先进的现代企业制度，建立完善的人力资源管理系统，逐步演化为公众公司。首先是大型家族企业将所有权与经营者分离，随着企业竞争的加剧、职业经理人的兴起，家族阶层保留大部分企业股份，而企业的经营权交给职业经理人。国美电器的黄光裕家族与作为职业经理人的陈晓就是典型案例。其次，大型家族企业进一步社会化。这些家族企业通过向社会发行股票和债券，进行股权激励，向内部员工转让股份，使企业的所有权进一步社会化。这样能有效完善其治理结构，变家族管理为职业管理，使家族企业适应经济环境的变迁，避免被市场淘汰而延续下去。

当然，在看到我国大型家族企业取得辉煌的同时，也应该看到我国中小型家族企业发展过程中，隐藏的治理隐患与管理危机，特别是人力资源管理上，中小型家族企业由于自身的特殊性，操作不够规范、管理不够科学，成为制约中小型家族企业继续发展壮大的羁绊。

在我从事管理咨询的过程中，有些客户就是中小型家族企业。在我深入中小型家族企业进行诊断后，促使我针对我国中小型家族企业的管理问题，撰写这部管理著作，希望对此类企业走出管理困境有所帮助，把人力资源管理放在企业战略的重要位置上。

我国中小型家族企业已经发展成一定的规模，这类企业的特征主要有：以血缘、姻缘、情缘为纽带，致力于追求家族利益最大化；市场观念强，具有较强的成本意识，能够很好地控制成本，使企业员工精简化；决策高效，执行力也较强；创业者和家族成员勤奋创业，共同致力于企业发展。也就是这些内在特点，促使中小型家族企业在激烈的市场竞争中，顽强地生存下去。

另外，我国中小型家族企业中，还具有一些外在特征：

（1）企业所有权和经营权集中于企业老板或其家族手中。企业管理系统与家族关系系统相互交织在一起，难以建立科学的人力资源管理体系，不利于引进职业经理人。

（2）人才与人员单一，引进的外部人才很少，导致人才整体素质偏低，人才结构不合理。

（3）重经营，轻管理。中小型家族企业比较重视做生意，不重视科学管理，忽视人力资源基础工作建设，在薪酬体系、绩效考核体系、岗位配置等方面，都采取可有可无的态度。

根据我的观察和综合分析，我国中小型家族企业具有的先天优势，比如决策得以高效执行、团体内部信息畅通、家族成员为家族的发展而奋斗。但这些中小型家族企业也有诸多内在缺陷，成为企业的发展桎梏，阻碍企业的可持续发展。这类中小型家族企业具有哪些问题呢？

（1）企业组织架构不健全，内部容易形成各类利益集团。

（2）企业内部管理混乱，分工不明确，要求不清晰，导致员工无所适从。

（3）高素质人才引进难，导致难以优化配置人力资源，使企业面临招人和留人危机，特别是高级管理人才危机。

（4）没有建立科学的薪酬体系、考核体系，员工激励没有制度保障。

（5）培训机制不够完善，显得急功近利。培训工作缺乏系统性、长期性，也缺少对员工培训的资金投入，使得提高员工素质成为空谈，也难以建立高效的管理团队。

(6) 缺乏核心价值和核心竞争力，企业文化不鲜明，对外来员工缺乏凝聚力和向心力。

一些中小型家族企业的创业者会说，只要企业得到更多订单，得到市场认可，人力资源管理无关紧要，可有可无。即使有了，也只是装点门面，在招工时显得正规一些，在企业中起到的只是“花瓶”的功能。也许就是一部分企业家在这方面的认识误区，导致人力资源管理在中小型家族企业中得不到应有的重视，也难以发挥应有的战略规划作用。

所谓“千里之堤，溃于蚁穴”，我们不希望家族企业在拥有广阔的市场发展空间时，却因为人力资源管理上的种种问题而导致衰败。因此，在本书中，针对我国中小型家族企业的管理问题，重点提到如下解决措施：

(1) 优化组织架构，实行“两权”分离，职业经理人治理。

(2) 实施正确的招聘制度，建立科学的人才选拔机制。

(3) 制定并实施有竞争性的薪酬及福利政策。

(4) 重视员工的教育培训。

(5) 引进合理的激励机制和科学的绩效考核体系。

(6) 建立共同的价值观，营造良好的企业文化。

本书在结构上，从家族企业人力资源的几个管理模块上展开，探讨中小型家族企业实行家族式管理的优劣势、如何进行有效的薪酬设计、如何采用科学的绩效考核技术、导入什么样的激励模式、影响接班人传承的因素、传承模式、如何选择和培养接班人，等等。另外，根据我多年管理咨询的经验总结，导入了对家族企业起到有效帮助的“三三制薪酬设计技术”、“8+1绩效量化技术”、“9D股权激励技术”，希望柏明顿管理咨询的这些HR专利技术，能够使家族企业的人力资源管理得到实质性的转变。当然，每一个中小型家族企业都有各自的特点，在人力资源管理技术的应用上，也要因地制宜，“对症下药”。如果觉得照搬照抄两三项管理技术，就能够解决中小型家族企业人力资源管理上的问题，那是难以获得成功的。

此书内容丰富，以大量的国内外企业人力资源管理案例为基础，分析案例，总结规律。我相信，阅读本书的家族企业家们一定能从中获取有益的经验和教训，找到解决中小型家族企业人力资源管理问题的正确方法，找到家族企业持久发展的法则。

家族企业创业者是一个聪明睿智、吃苦耐劳的群体，我相信在科学的管理技术和方法指导下，我国中小型家族企业一定能走出自己的发展特色，发扬优势，摒弃劣势，成为市场竞争中的强者，造就更多基业长青的现代家族企业。

柏明顿管理咨询集团首席顾问　胡八一

2010 年 9 月 13 日于广州

第一章

透视家族企业管理弊端

家族企业在发展过程中实行的家族式管理模式，是一个套在家族企业身上的桎梏。一旦企业走上发展之路、规模不断扩大时，家族式管理模式便会诱发一系列的问题。

家族企业，就是指以血缘关系为基础，以家族利益为目标，资产、股份和管理经营权主要控制在一个家族手中，家族成员担任主要领导职务的企业。

改革开放以来，家族企业如雨后春笋，迅速出现在中国的大江南北。家族企业无论在发展生产力、促进大学生就业，还是在满足社会需求、促进地区经济繁荣等方面，都发挥了举足轻重的作用。但是从大量的事实中我们可以看出，我国大部分家族企业经历了成长、发展阶段，还未到繁荣时期就走下坡路了。

专家点拨

统计资料显示，目前中国的企业中，家族企业至少占到了90%以上。美国有90%以上的企业属于家族企业，公开上市的美国最大型企业中，有42%的企业仍然为家族企业所控制，沃尔玛、杜邦、福特、强生、摩托罗拉等都属于家族企业。在欧洲，这一比例为42%。所以，家族企业并非中国所独有的现象。

随着经济全球化，家族企业也面临激烈的国内外市场竞争。很多家族企业在竞争压力之下，逐渐缩小生存与发展空间，难以成为市场竞争中的主角。当市场竞争越来越激烈时，家族式管理的弊端也就不断凸现出来。

家族式管理成为发展桎梏

家族企业应当采取什么样的管理策略，这是困扰家族企业领导层的一个大难题。而这些棘手的核心管理问题是否得到有效解决，在很大程度上决定着家族企业的前途和命运。

家族企业在发展过程中实行的家族式管理模式，是一个套在家族企业身上的桎梏。一旦企业走上发展之路、规模不断扩大时，家族式管理模式便会诱发一系列的问题。因为企业管理缺乏一些科学制度的制约，在竞争压力之下，极容易造成决策的盲目性、人力资源管理的混乱与企业管理权力的滥用，导致家族企业走向衰败。

专家点拨

国内有关报告显示，中国家族企业的平均寿命仅为2.9年，而中国企业的平均寿命为8年。其主要原因是家族企业有意或无意间忽略了人力资源的管理，不规范的管理制度，严重制约了企业的发展和壮大。

家族式管理的固有缺陷，已经成为家族企业发展壮大的最大障碍，那么，其主要弊端有哪些呢？

一、外来人才难被重用，家族企业面临人才危机

很多家族企业选择经理人时，往往局限于从有血缘关系的家族成员中进行提拔。家族企业在招聘和提拔员工时区分“族内人”与“族外人”，“内部繁殖”现象十分严重，家族成员掌握着企业各个部门的管理大权，外来人才难以得到晋升，这就严重弱化了外来员工对于家族企业的凝聚力，必然会影响企业的经营效率。

家族企业对外来人才十分不信任，尤其是对职业经理人不信任。企业元老对新加盟的同事非常排斥。在家族企业中，外来员工一般很难分享企业的股权，永远只是打工者，始终难以融入企业的圈子中。另外，由于留不住优秀人才，影响了家族企业的创新和研发能力，家族企业一直在低端产品中徘徊，将难以走向世界。

案例

成也家族，败也家族

经过人力资源猎头的运作，外企出身的赵先生“空降”到一家生产健身机械、销售额逾5000万元的家族企业担任副总经理。他信心十足地进行企业营销资源的整合、人力资源的整合以及分支机构的调整。但逐渐地，激情被烦躁和不安代替了。

公司一个较大的区域市场发生大量窜货，根据制度罚了该经销商5000元钱，可是公司一个股东和这个经销商关系很“铁”，这个股东振振有词：走个过场威慑一下算了，这个经销商为公司出了不少力，产品一直销量不错。

在一位创业元老的大力游说下，作为副总经理的赵先生没能顶住压力，在一个销量很好的区域市场又增开一家代理商。结果在两家价格大战下，半年的销量还不如去年3个月的。

赵先生决定对公司员工进行培训，可是公司都因讲师费用太高而放弃。于是他精心准备了两场培训，但需要“洗脑”的几个领导都是亮个相就走了。

赵先生计划外招一位懂营销的助手，企业老板直言不讳地说：“这么多人为企业立下了汗马功劳，他们更忠诚，不能外聘。”于是一位40多岁的家族成员当上了营销总监，结果把市场搞得一塌糊涂。赵先生被这个家族企业折腾得人形憔悴，状态极差，不禁感慨：成也家族，败也家族，前途坎坷啊！

二、家族企业派系之争严重，导致企业人心涣散

有的家族企业老板不信任职业经理人，在重要岗位的人事任命上，往往选择家族成员或亲信。这使得外来人才感到升职无望，前途渺茫。家族成员自我感觉是“自己人”，是创业功臣，常常带头违反公司制度和纪律。管理层难以做到秉公办事，就会使外来员工受到不公平待遇，致使企业内部人心涣散，管理层丧失威信。家族成员之间形成各自的“利益圈”，最后只能导致内讧。

案例

派系之争让员工手足无措

与柏明顿合作的客户中，有一家电器公司。唐先生是这家电器公司的总经理，公司的资产实际上是唐先生一人所有，但公司的经营权却是由唐先生的家族成员控制的。他的弟弟作为副总经理分管生产；他的妹妹掌管财务；他的堂弟是营销部的主管；他的妻子在公司中没有明确的职务，但主管销售，并对其他事项都有发言权和管理权。特别是唐先生不在公司时，他的妻子就负起全面的管理责任。在公司里，员工对这几位家族管理人员，一般都以“二哥”、“三姐”、“李姐”等来称呼，而不以职务相称。

尽管管理者都是亲戚关系，但唐先生的妻子与他弟弟之间似乎有些不协调，唐先生在财务支配上有时也受到家族成员的一些制约。这几位都是家族成员，在外来员工眼中都是老板，他们的指示都必须执行。但有时这些“老板”的指示自相矛盾，让员工们感到手足无措。

当然，各个部门的员工还是最重视唐先生的指示，他的权威是绝对的，但他经常出差在外，对公司各部门的信息不可能都掌握得很清楚。不同部门的员工一般听本部门“老板”的指示，对别的“老板”的指示可能会打些折扣，甚至阳奉阴违。员工们往往追随着各自的“老板”，时间长短不一，关系密切的程度也有差异，自然会形成一个个小圈子。各个圈子的头头自然要维护自己手下人的利益。于是，圈子就像看不见的围墙，妨碍着部门之间的信息沟通和有效协调。

专家点拨

在公司创业初期，家族成员紧密协作，能够促使公司迅速整合资源，得到快速发展。但公司发展壮大以后，家族成员之间在经营权、管理权、股权分配上不可避免会产生分歧。而且家族成员之间微妙的复杂关系，会导致企业内部形成各自的小圈子，使得各部门各自为政。

三、企业老板独断专行，管理层缺乏监督约束

家族企业老板在创业的过程中，都是在商场上一路拼搏才创下今天的事业。所以，有些创业型老板过于盲目自信，容易沿用过去成功的经验决策方式，在企业重要决策上主观随意，从不咨询下属员工的意见。粗糙随意的决策不仅会给企业带来经济损失，丧失商机，在企业的长期发展中，还会给家族企业带来一系列隐患，甚至带来灭顶之灾。

在家族企业中，家族管理层有着“至高无上”的管理特权，又缺乏有效的监督机制。因此，企业不是靠科学的制度进行管理，而是凭老板主观的经验和常识，依靠简单的信任和亲情去约束人。许多外来人才往往担负着很多责任，却没有参与决策的权力，大事小事都是老板一个人说了算，这些压抑的管理和决策模式，将导致外来员工与家族成员在管理理念上不断发生冲突，很多有识之士忍受不了这种工作环境，不得已选择跳槽，逃离家族企业这块“是非之地”。

案例

外来人才为何感到寒心

A公司是一家从事室内装修设计的家族企业，老板王先生把能力平庸的表弟安排为设计部门正职，而被王先生挖来的资深设计师小赵，被任命为副职。在给予小赵优厚待遇的同时，王先生对小赵说：“我表弟的职位，只是名义上的，目的是让公司的股东（家族中的其他成员）满意，人人都知道，我这个表弟也明白，你才是部门负责人。你直接向我汇报工作，不用去理会别人，包括我的这位表弟。”

小赵听了，果真不太把王先生的“正职”表弟当回事，王先生的表弟觉得自己有名无实，满怀愤怒和嫉妒，而有实无名的小赵也同样愤怒，心想：你什么都没有做，却拿着高工资，还胡乱指手画脚的，凭什么？

小赵和王先生的表弟明争暗斗，根本就不去想提高设计水平，如此一来，这家设计公司的营业状况可想而知。

专家点拨

家族企业在发展初期，任用家族成员担任企业管理层中的要职，能够节省成本，也能够提高管理的效率。但是企业发展和壮大以后，就要及时整合企业内部的管理资源，适时地引入一些专业性管理人才，使企业走上制度规范化、管理科学化的轨道。

人力资源部形同虚设

很多家族企业在创业初期，由于灵活的选人、用人制度，凝聚力强、监督成本较低的家族式管理，为企业的发展节约了成本、赢得了时间，能够迅速抓住商机，促使企业得以快速发展。但在家族企业发展到一定规模后，其不规范的人力资源管理与家族式管理，却成为制约家族企业做大做强的瓶颈。

在现代企业管理中，人力资源已经成为第一资源，并不断凸现出其重要性。但是很多家族企业却仍然固守家族式管理模式，没有根据国内外经济环境的变化，因地制宜地进行现代化的企业制度改革，完善企业的人力资源管理。

有些家族企业甚至没有专业的人力资源部门，其职能多为行政文员兼任。即使有的企业设置人力资源部，职能设置也缺乏科学性，功能也十分不健全。有些企业家甚至把人力资源管理和传统意义的人事管理混为一谈，往往凭以往经验和主观判断。这样不仅挫伤了外来员工的工作积极性，也难以把高素质人才招至麾下。另外，一些家族企业在人力资源管理上，决策的随意性较大，缺乏管理制度、企业文化与经营理念的支持。在具体操作上，规范性与可操作性不强，使外来员工对企业缺乏归属感和认同感，因此只要找到机会，这些外来人才会毫不犹豫地选择跳槽。

专家点拨

家族企业要对人力资源进行符合企业战略的定位，把人力资源规划纳入企业中长期战略规划之中，把人力资源管理者提升到参与企业决策的位置，使企业形成重视人才、尊重人才、合理使用人才的文化，促使人才实现自我价值，企业也不断获得发展。

家族企业封闭的管理模式，导致了一种非理性化的人力资源管理模式，企业没有把外来人才当成发展壮大的支柱力量。很多企业家对于员工跳槽习以为常，甚至不以为然地说："没有这些人，我的企业照样可以运行。"

很多家族企业往往重视技术型人才，轻视管理型人才；重视人才引进，轻视人才培养。当今的企业竞争已经达到白热化的程度，拥有了优秀人才才能立于不败之地。如果还是视外来员工为公司"打工仔"，认为外来人才跳槽也无所谓，那么家族企业抛弃员工的同时，也抛弃了进一步壮大的机遇。

在家族企业中，"漠视员工"的人力资源管理模式有以下几个特点：

- 员工是企业赚钱的机器，对于企业的任何决策，必须无条件地执行。
- 员工就是人力，企业可以要求员工加班加点地奉献，却不给薪酬激励。
- 企业家掌握企业所有权和管理经营权，企业的决策都是企业家一个人说了算。
- 企业不尊重员工，外来人才没有尊严可言。
- 人力资源管理制度只是挂在墙上，形同虚设，缺乏执行力。

还有一些家族企业，已经逐渐认识到，决策的随意性可能会带来极大的风险，就照搬照抄一些外企的人力资源管理制度，却没有考虑到自身与跨国公司之间在企业规模、管理水平、社会文化背景等方面的差异，最终"水土不服"，人力资源制度的改革也就"无疾而终"。

案例

为什么HR经理的话没人听

杨小姐在一家从事食品加工的家族企业担任HR经理，该企业负责人对外人担任中层职位一直心存顾虑。杨小姐凭借在外企的工作经验，准备全面改进人力资源管理上的缺陷。她满怀信心地向公司领导层提出很多想法和建议，让她感到郁闷的是，她的这些合理建议却得不到企业高层的认同。而这些高层管理人员的一些明显错误的思想、策略，却在强行推行，这种情况将对企业发展造成致命打击。而这样的悲剧还在上演，杨小姐是个责任心很强的HR经理，却不知道怎么办才好。

专家点拨

家族企业的人际关系很复杂，HR要想做出业绩和得到提拔，就要付出比别人更多的努力。所以，HR如果处理不好这些人际关系，很容易被迫离职。

HR要想取得职业成功，应注意下面两个问题：

首先，要判断老板对HR经理是否重视。其他人对HR不了解、对HR经理不重视是正常的。如果老板信任和支持HR，HR可以在老板面前申请更多的权力，使各项工作能够顺利开展。

其次，HR要做好职业定位。HR通过与公司领导沟通，让他们认识到HR对于公司的价值，同时HR应成为老板的业务伙伴，切实地给老板很多帮助。

招聘的尴尬：为何总被人才“抛弃”

有些家族企业能够抓住发展机遇，注重产品研发和创新，企业规模也不断扩大。但家族企业还是严重缺乏优秀人才，这制约了企业向更高更远的目标“腾飞”。

家族成员由于自身能力有限，远远满足不了家族企业的发展需求，因而需要从外部招聘人才。但外来人才往往刚上班几天，就“人间蒸发”，有些员工勉强工作了几个月，就因各种原因与公司分道扬镳。结果很多老板就抱怨人心浮躁，或是责怪人力资源部工作不力，但很少去分析公司人力资源管理存在的问题。

在家族企业中，由于企业前景不明朗，企业内部管理也很混乱，员工基本上没有职业生涯规划，缺乏目标感和职业安全感。工作压力大，薪酬结构不合理，工作标准过高等，都会不同程度地导致员工跳槽。据权威机构调查，家族企业近几年的人才流失率达30%以上。

有些家族企业认为求职的大学毕业生这么多，不愁招不到员工，只要发个招聘广告，赶来应聘的人一定会挤破大门，因此从不在乎员工的高流失率。他们更没有意识到，人才的流失，不仅带走了商业、技术秘密，带走了客户，使企业蒙受直接经济损失，而且增加了企业人力重置成本，影响工作的连续性和工作质量，也动摇了在职员工的稳定性。

专家点拨

优秀人才的流失，说明员工忠诚度不断下降，这会损害企业发展战略，破坏企业形象，阻碍企业发展。所以，员工的流动率应控制在5%的范围内，在这个范围内，员工的流动对公司的负面影响不大，但是超过5%，就意味着公司存在管理上的问题，必须要及时纠正。

一、员工高流失率，导致企业付出巨大成本

家族企业的员工频繁跳槽，后果是企业不仅付出了巨大成本，还成为其他企业的员工培训基地。任何一个员工，从生手变为熟手，都需要一个成长和磨炼的过程，而在这个过程中，企业需要付出一定的培训和工资成本。如果你的企业人员流动频繁，你的企业就会很不幸地成为其他企业的员工培训

基地。相信每个家族企业都不愿意做这个冤大头。

那么家族企业为人员流失付出的成本究竟有哪些呢？

- 员工离职成本：包括贵重的资料文件、技术等知识产权的流失成本；投入在离职员工身上的培训、指导、教育成本；优秀员工提出离职，企业进行挽留的面谈成本；核心人员流失，就会形成连锁反应，导致更多的人才流失；办理离职手续的成本等。
- 岗位空缺成本：包括其他岗位员工加班成本，企业协调完成空缺岗位工作的成本等。
- 替换成本：包括招聘新员工的成本，新员工体检成本，新办公用品的准备成本，签署新劳动合同和办理档案管理的成本等。
- 培训成本：包括新员工学习企业制度成本，岗前业务技能培训成本，岗前考核成本，上级现场指导成本，培训耗材及培训场地占用成本，培训管理成本等。

二、员工流失，给企业造成巨大负面影响

1. 人员跳槽频繁，导致团队士气涣散

员工离职看似个人行为，但如果很多员工频繁离职，就会引起其他员工的多米诺骨牌效应。员工离职之前一般都会有一个认真考虑的过程，一旦把他们离职的意愿透露出去，就会影响其他员工的情绪。

专家点拨

据有关机构估算，一个员工离职，将有可能引起三个员工产生离职的想法，照此计算的话，如果企业员工离职率为10%，则对企业的稳定和经营影响是挺大的。所以，家族企业要有一定的人才储备，并做好干预机制，及时挽留那些准备离职的员工。

2. 员工流动频繁，造成企业内部人才断层

家族企业人员频繁流动，好不容易培养出一个骨干员工，却因为种种原因，留不住人才。人员流动过快，也导致在选拔中层管理人员时，面临没有人可提拔的困境。即使勉强提拔上来一个中层管理人才，也会使基层出现岗位空缺。人才断层的现象，严重影响到家族企业的人才梯队建设。

3. 人才跳槽时，极有可能带走企业核心机密

现在是信息时代，核心机密对一个企业来说至关重要。核心机密泄露包括技术的泄密、客户资源的流失等。如果这些离职员工带走的资料落入竞争对手的手里，将会造成严重后果，甚至关系到企业的生死存亡。

4. 离职员工发泄不满，诋毁企业声誉

员工离开一家公司，往往带有个人的主观情绪，或是对企业管理制度并不认同，或对企业存在的问题有些个人看法，并且很容易产生抱怨，然后散布出去，离职员工的这些评价和怨言会损害企业声誉，使企业陷入一些尴尬局面。

员工培训难道只是做做样子

人才是企业保持竞争优势的保证。要想在激烈的市场竞争中占有一席之地，家族企业就要采取有效措施，吸引并留住优秀人才；同时要用好现有的人才，挖掘企业潜在的人力资源。从某种意义上讲，当今企业的竞争是人才的竞争，人才的竞争关键是培训的竞争。

有些家族企业对员工培训存在严重的误区，使提高员工素质成为一句空话，导致培训工作在家族企业成了无米之炊，而人力资源管理者想从根本上

提高员工素质水平的设想，也成为海市蜃楼般的泡影。那么，家族企业在员工培训上存在哪些认识误区呢？

一、认为企业发展状况良好，培训是多此一举

有些家族企业的老板目光短浅，只顾眼前的经济利益，没有很好地规划企业的发展和未来。在经济全球化的时代，企业今天能够生存下去，也许明天就可能被别人兼并。统计资料表明，世界500强企业的平均寿命为30年，美国80%的新企业在第二年就宣布倒闭，中国的家族企业存活率更是少得可怜。因此，家族企业需要加强员工的培训，提高企业的整体管理水平、技术研发能力，这是有关家族企业基业长青的长远之计。

二、企业面临危机，却没有认识到是缺乏培训的结果

有的家族企业面临资金周转危机，就以经济效益不好为由，尽量取消员工的培训计划，这种做法能够给企业减少开支，节省成本，但从长远来看，却难以帮助企业走出根本上的困境。

因为一些家族企业之所以效益很差，并不全是因为资金困难，更多的是管理体制出现问题，或者是缺乏优秀的人才。家族企业不知道，企业陷入这种危机，恰恰是因为企业没有对员工进行培训。

专家点拨

对于家族企业来说，培训是企业转亏为盈的重要手段。通过培训，可以培养一大批优秀人才，帮助企业转亏为盈。否则，企业越来越没钱，越没钱就越不培训，员工跳槽也就越多，最后面临的将是企业的破产。

三、认为培训起不到什么作用，只是不断浪费钱

有些家族企业老板由于过于自信，总觉得自己能耐很大，不肯轻易认同别人的看法。在他们眼中，现在的培训机构都是骗钱的，对员工能力的提高没什么作用。即使勉强同意培训员工，也是急功近利，但短期的培训往往不会取得立竿见影的效果，对于“远水解不了近渴”的员工培训，企业家也渐渐丧失了热情和耐心。

案例

带着“近视眼”看待培训

柏明顿公司的一名顾问师与一家塑料公司老板深入沟通，并就该公司管理咨询项目进行初步规划，谈起“员工培训”这个话题时，该企业老板说：“如果我们接受你们的培训，使我们企业管理规范化，工作效率提高，那我们就请你讲课，否则员工培训之事免谈。”

事后，这位顾问师大为感慨地说：“有些家族企业的老板就是患上了‘近视眼’，总以为稍微培训一下，一个技术工人就能成为科学家，一个普通销售员就能成为营销大师。他们不知道，培训只是带给员工正确的工作理念和方法，而各方面能力的提高更需要工作中的积累和不断实践。”

四、认为培训只是为他人作嫁衣，不想花这冤枉钱

不少家族企业老板对培训烦恼不已：如果不对员工进行培训，员工素质跟不上企业发展，肯定会影响企业的长远利益；可是投入资金进行培训后，员工又三心二意，稍有不满意，就跳槽到竞争对手的公司，反而加大企业的竞争压力。

家族企业的员工频繁跳槽，使一些家族企业老板对外来员工更加不信任，

对员工培训的态度更为冷漠，其观念就是“不为他人作嫁衣”。因而对员工培训的投入变得十分慎重，不愿意再为员工创造培训机会，或者只培训员工暂时需要的工作技能，即使员工跳槽，企业损失也不大。

有一些家族企业在培训之前让员工签协议：如果企业为员工提供培训的机会，而员工在培训后跳槽，那么，员工就要承担培训的费用，并赔偿损失。这种方式虽然加大了人才跳槽的难度，但容易使员工对企业缺乏归属感和安全感，员工感到自己只是被企业所利用，不但不感激企业，反而会促使员工接受培训后，更加毫不犹豫地选择跳槽。

专家点拨

实行人性化管理的公司，会尊重员工的需求，重视员工的培训，真诚地与员工沟通交流，并使员工感受到被重用，让员工珍惜培训的同时，还想继续为公司服务。这才是聪明老板应该采取的工作方式。

绩效考核为何难见成效

绩效考核被列为十大管理难题之首，可见绩效考核要想成功实施，是有一定的难度。许多家族企业开始认识到绩效考核的管理作用，并导入绩效考核制度，但实施绩效考核还是有“难于上青天”的感觉。

绩效考核是绩效管理中的重要环节，家族企业实施绩效考核，可以有效激励员工努力工作，使员工产生竞争意识；树立和调整绩效目标，有利于员工能力和素质的提升。企业也可以起到监督、控制、约束和激励的管理功能。绩效考核不是目的，而是一种管理手段。但很多家族企业的绩效考核，只是走形式、赶时髦而已，成为一种吃力不讨好的“鸡肋”，丧失了绩效考核的应有作用。

专家点拨

家族企业要认识到绩效考核的功能和作用，从企业内部实际出发，按照绩效考核的专业程序和方法，有条不紊地开展。同时，要让企业员工认同绩效考核，通过绩效考核，使企业和员工达到双赢。

上面我们谈到家族企业绩效考核难见成效，那么它遇到了哪些困难呢？

一、家族企业复杂的人际关系，阻碍考核的实施

家族企业从创业到发展，内部复杂的人际关系是难以消除的。很多聘用职业经理人的家族企业，表面上是职业经理人掌握管理大权，实际上每个职业经理人后面都站着一个家族掌权人。家庭成员占据主要部门的管理工作，也有职业经理人和家族成员协同管理的。家族企业内部的利益之争，也使得企业人际冲突和矛盾更加白热化，严重制约企业发展。

在从事管理咨询的过程中，笔者看到过很多家族企业内部的冲突案例，而成为牺牲者的往往是外来的职业经理人。一个具有现代管理理念、积极推动绩效考核的职业经理人，在复杂的人际关系中想推动管理变革，无疑是在“刀尖上跳舞”，面临的利益纷争和人际关系阻碍是很大的，一旦管理制度改革失败，职业经理人就成了绩效考核失败的牺牲品。

案例

实施绩效考核，怎么就这么难

有一天，一家公司的老总找到柏明顿的一位高级顾问师，然后大吐苦水，“简单的考核不见成效，复杂的考核则费时费力”，“严格的考核则让人才流失率高，松懈的考核则业务成绩低”，企业实施绩效考核，该何去何从？

这家从事润滑油生产的中型家族企业，创业十几年来，业务稳步发展，今天已经是国内拥有较大规模的高端润滑油专业制造商，以生产自主品牌的

润滑油系列产品享誉市场。其管理人员，无论是董事长，还是一般的业务员，都有家族成员的影子。尤其是公司的高层管理者，清一色是家族成员。

我们的顾问师与这位公司老总沟通后发现，这家公司已有简单的、仅在销售部门实行的绩效考核制度，但这些考核也弊端重重，其中最大的问题在于指标设置过于简单，没有考虑到岗位要求的特殊性，从而造成指标考核的相对不公平而难以推行，另外公司内部的多头管理、目标不明确等也是绩效考核难以推行的原因。

诊断出这些问题后，柏明顿的顾问师给这位老总一个答复："你遇到的这些问题，是中小型家族企业绩效考核实施中的普遍性问题。面对公司的战略目标和蓬勃发展的业务，你的公司必须建立一套科学、有效、简单、易行的绩效管理体系。"

家族成员普遍认为绩效考核是外企使用的制度，不一定适用于我国家族企业，也没有这个必要，觉得没有绩效考核照样能把企业办起来，一个人是否升迁、调级、调薪，只要老板同意就行。

如今却实施绩效考核，利益机制的打破使他们有种危机感，担心自身利益得不到保障。考核的实施也使他们有了心理压力，所以容易产生抵触心理。

专家点拨

在家族企业中实施绩效考核，难度是显而易见的。但从企业经营者和人力资源管理者的角度出发，如果家族企业要快速发展，就要大力激发员工提高工作的主动性和积极性，从而提高工作效率和质量。此时，绩效考核就是必不可少的。

二、家族企业文化，使绩效考核举步维艰

家族企业文化推崇的是增强员工的凝聚力，而实施绩效考核必将导致竞争上岗，考核评级。有些家族成员认为绩效考核是在破坏企业内部的团结。

所以家族企业不愿打破长期固化和沉淀的企业文化，而这种传统的文化理念，也成为实施绩效考核的重要阻力。

三、缺乏成熟的考核体系，在具体操作上不知从何下手

在家族企业的创业初期，实行的都是家族式管理，很少制定管理制度。当企业发展到一定程度，准备走上现代企业发展道路时，就与原来既定的管理模式产生冲突。绩效考核的基准平台是建立规范化的管理制度，如果缺乏有力的制度保障，绩效考核实施起来，必定遭遇很多障碍。

四、考核过程没有做到公平公正，容易引起人心浮动

家族企业复杂的人际关系，使人力资源部实施绩效考核时面临很多压力和挑战，而且在操作时，难以对每个被考核的员工做到公平公正，毕竟家族成员掌控的管理权力远远大于职业经理人的，所以在考核利益上更倾向于家族成员。在家族企业中，同工不同酬、同职不同薪的现象十分普遍，薪酬设计本身就很不合理，加上绩效考核缺乏公平公正，将会造成外来员工人心浮动。

案例

杜邦公司的考核方法

美国杜邦公司的做法值得借鉴。所有杜邦公司的家族成员在公司里都会得到一份基础的工作。在公司工作5~6年后，4~5位家族长辈会对他们进行仔细的评估，如果评估发现哪位家族成员在10年后不大可能成为高层管理人才，他就会被请出公司。只有依靠自己的能力、够资格担任高层管理职务的家族成员，才获准留下来管理企业。

如果一个家族企业有走向世界的战略目标，但企业内部的实际情况是：员工缺乏工作积极性，没有努力工作的动力，缺乏竞争和危机意识，管理理

念和方法严重滞后，那么这个企业极有可能被市场淘汰，这是每个企业家不愿见到的情况，所以，绩效考核只有按照科学的方法进行落实了，才能对员工真正起到激励作用，助力企业提升国际竞争力。

家族企业文化面临的挑战

有些家族企业对“家文化”和传统文化进行了继承和改造，逐步形成并创新了企业文化。这些企业文化具有以下特点：

第一，紧密的亲情关系，产生血浓于水的凝聚力。

家族成员之间由于亲情、血缘、婚姻等关系，彼此之间也多了一份信任和坦率，相处起来十分融洽。相比之下，家族成员对外来员工十分不信任，在人事任命和重要事务上，对外来员工存在防范心理。在创业初期，家族成员为了共同的利益目标，往往都是亲自跑业务、拉订单，甚至下车间当工人，不怕艰难困苦，不计个人利益得失，紧紧拧成一股绳。这种凝聚力是家族企业得以生存和发展的动力。

第二，重要决策由老板拍板决定，能够高效执行。

家族企业中，一般都是由家族中的创业者任总经理，对企业经营管理亲自掌握。因此当企业面临危机或者遇到发展机遇时，就能够迅速做出判断和决策，家族成员之间也能够迅速形成统一的观点，决策过程比较简单，能够迅速执行实施。

第三，家族成员掌握核心商业机密，避免泄密风险。

能够接触到家族企业核心机密的人，只有家族成员。家族成员占据着重要的管理岗位，家族利益和企业利益高度一致，大家齐心协力朝着共同的目标努力。而且对于企业的核心秘密，如绝密配方、财务决策等商业资料，他们不会出卖家族成员，也不会轻易透露出去。相比很多非家族企业，需要花很大气力进行保密工作，家族企业显然占有先天优势。

不过，虽然家族企业在传统文化上占有一定的优势，但不是说面对危机时，家族企业就能够稳坐泰山，丝毫不用担心破产的风险。当面对来自世界的竞争时，他们的企业文化也面临严峻挑战。

案例

“富不过三代”频频重演

2006 年发布的“胡润全球最古老的家族企业榜”显示，“富不过三代”在全球家族企业中愈演愈烈，全球家族企业都面临后续无人的难题。

美国家族企业发展到第二代，只有 30% 能够存活，到第三代只有 12%，到第四代及四代以后仅剩 3% 了。葡萄牙有句俗话说“富裕农民—贵族儿子—穷孙子”，西班牙也有类似说法，“酒店老板，儿子富人，孙子讨饭”，可见，富不过三代，在各国都存在。

福布斯曾进行“中国家族企业调查”，调查了沪深两地证券市场 305 家上市企业，结果发现：“中国民营企业远未达到‘富过三代’、‘家业长青’。目前中国家族企业正处于新的发展阶段，需要向现代家族企业演进。”“富一代”还未完全退出，“富二代”陆续登场，能不能“富过三代”还是个未知数。

麦肯锡的研究表明，全球家族企业的平均寿命只有 24 年，其中只有大约 30% 的家族企业可以传到第二代，能够传至第三代的家族企业数量不足总量的 13%，只有 5% 的家族企业在第三代以后还能够继续为股东创造价值。

由此可见，我国家族企业文化有着天然的优势，但也有很致命的缺点，主要表现为四个方面：

一、把企业文化当成一种口号，忽视核心价值的追求

由于家族企业面临恶劣的生存环境，企业老板大都把赚钱和获取家族利益当成重要任务，因此比较注重短期效益，而忽视企业长期发展。在这类企业中，企业文化显得过于空泛化、形式化、口号化，很难在外来员工中产生

共鸣，更难以形成鲜明的企业特色。家族企业忽视对企业核心价值的追求，很难发挥企业文化的整体辐射作用，与现代企业文化相距也越来越远。

二、亲情代替处事原则，人际关系代替管理制度

家族企业的亲缘文化，能够帮助企业克服创业初期面临的各种危机，使得企业在激烈竞争中顽强生存下来。但由于担任要职的家族成员习惯以亲情关系代替管理制度，使企业的管理制度形同虚设，难以得到有效的执行和落实。长此以往，家族企业始终是某种意义上的“小作坊”，难以成为世界500强企业。

三、企业文化演绎成为“老板文化”

家族企业创业成功，是企业家带领家族成员努力拼搏的结果。企业家除了拥有巨额财富，在家族成员中也最具威望。个人威望和权力的膨胀，容易使企业老板盲目地自高自大，考虑问题也习惯以个人利益为出发点。再加上企业决策权过于集中，使得企业老板容易形成对他人不尊重、不放心的习惯，因此在经营过程中，不管大事小事，都要亲自过问，企业文化也逐渐演绎成为“老板文化”。这就留下隐患，如果老板决策失误，或者老板出现人身意外，家族企业便群龙无首，处于瘫痪状态，承受不了市场竞争的沉重打击。

四、子承父业还是任用职业经理人，是个难题

家族企业的创始人面临退休的时候，难以避免面临接班人的难题。是任用学识、能力和经验都丰富的职业经理人，还是让子女继承企业，是考验家族企业的一个大问题。这个问题处理不妥当，将有可能使第一代创业者积累的财富毁于一旦。

第二章

突破家族式管理的枷锁

建立现代人力资源管理制度，就必须破除家族式管理。但我们讲的这种破除，不是对家族式管理模式“斩草除根”，不是对它一味否定，而是做到扬长避短，最重要的是让外来人才产生归属感。

在亚洲，我们很容易说出一连串家族企业的名字，如日本的松下、韩国的现代、菲律宾的郑周敏等；在中国台湾地区，蔡万霖家族、王永庆家族都是财力雄厚、一言九鼎。

从家族企业的发展历程来看，可谓“成也家族，败也家族”，与国企、外企相比，家族企业的现代化进程中既有优势也有劣势。家族式管理模式是一把“双刃剑”，运用得好，是推动企业发展的利器，反之，则制约企业进一步壮大。

家族式管理的优势与弊端

不少家族企业的老板认为，家族式管理是一种既简单又有效的管理方式，毕竟企业里都是家族成员，管理起来比较灵活，效率又高。这样的管理方式是最先进的吗？当然不是。

家族企业在创业初期，面对激烈的市场竞争，企业创业者必须依靠自我奋斗，依靠家庭成员协作，依靠家族成员的帮助才能获得创业的成功，所以家族成员之间自然产生了一种信赖，进而形成了“宽容、仁爱、平均”为准则的家族式管理模式。这个阶段，家族式管理往往表现为利大于弊，具体表现为：

第一，在经营和决策方面，注重实效和负责任。

此时家族企业在投资决策上注重实效，处处表现得认真负责。由于是家族资产，企业管理者更关注经营效益，杜绝铺张浪费和盲目投资。而且企业的经营权和决策权集中于老板身上，决策也较容易得以执行。因此，家族企业可以在较短的时间内，迅速积累丰厚的财富。

第二，家族成员相互信任，形成强大的凝聚力。

第三，家族创业者依靠一股拼劲，为企业创立牢固根基。

家族企业创业初期，由于成员之间都是亲情关系，他们不计报酬，吃苦耐劳，可以在相当长的时间里忍受低工资，忍受创业过程中的各种艰难困苦。家族成员齐心协力，依靠这股拼劲，为家族企业创立牢固的根基。

专家点拨

家族企业的创业初期，家族式管理有着很大的优势，正所谓“打虎亲兄弟，上阵父子兵”。因此，凝聚力强的家族企业，在竞争压力中得以顽强地生存。

随着家族企业不断壮大发展，其创业初期的家族式管理优势显然后劲不足，很多弊端就暴露出来了，严重的话还会引起企业的内讧，突出表现在以下几点：

一、外来人才没有发展空间，无奈离职

家族企业中都是家族成员占据重要职位，外来人才没有晋升的空间，看不到自己在企业中的前途，导致公司团队士气下降，仅仅依靠高工资也难以留住优秀人才。

案例

企业的“冷漠”导致骨干跳槽

笔者在广州举办的9D股权激励课程中，有个家族企业的老板说出他的苦恼，原来是这家公司的一位骨干员工跳槽了。

杨先生作为该公司业务部门的骨干员工，工作努力勤奋，业绩良好。可他来公司工作三年，却没有得到晋升和加薪的机会，同时杨先生发现市场上

同行业中的此类职位，其薪酬都要比自己的高。杨先生觉得在公司三年来，自己只是在为公司默默地奉献，公司没有提供任何能够对自己业务有帮助的培训或学习机会。于是，杨先生向公司提出了加薪的要求，但公司拒绝了他的要求，于是杨先生萌生了去意。

一个月后杨先生找到待遇更丰厚、环境更好的工作，于是向公司提出辞职，公司事先根本没有预料到他会提出辞职，遂极力挽留，并答应同意此前杨先生提出的加薪要求。但杨先生去意已决，觉得如果再留下来，会使公司觉得自己是用辞职来要挟公司为自己加薪，况且新公司给他的薪酬比现在公司答应给他的薪酬还要高，所以杨先生决定离去。事已至此，公司没有办法，只好同意他辞职。

所以，家族企业要生存与发展，就要为外来人才提供发展的空间。否则，单凭家族自身的力量，在信息时代日新月异的变化中，将因缺乏足够的知识储备，难以承担企业发展的重大职责，难以支撑企业基业长青和可持续发展。

二、家族成员“窝里斗”，形成“小集团”

家族企业发展壮大后，员工数量越来越多，血缘关系也会变得越来越复杂。外来人才往往处事谨慎，总担心得罪了家族成员。相比之下，家族成员则敢说敢干，总以一副老板心态行事，这样，家族成员大出风头的机会大大高于外来员工。在这种情况之下，对企业创业者来说，最难以管理的就是这些家族成员。他们仗着这层亲情关系，敢于有恃无恐地当面顶撞企业管理者的指示，对于企业的决策和制度，敢于阳奉阴违，甚至争权夺利，形成“小集团”，造成企业管理的混乱。

三、管理制度形同虚设，执行难度加大

家族企业在创立初期，本来就没有规范化的管理制度，都是依靠家族成员之间的自觉性。企业发展后，就要引进先进的管理制度。但是执行实施这

些管理制度，将会面临很大的难度。家族成员之间要顾及面子和感情，并不能真正按照制度去办事，这就导致管理制度成为挂在墙上或写在纸上的文字，不具有任何实际约束力。

家族企业如何跳出派系怪圈

在家族企业发展的初期，家族成员团结奋进，能够拧成一股绳。即使公司有什么经营管理上的问题，晚上在家庭的饭桌上讨论一下，把自己的意见、经验、不足之处等都做些交流，查漏补缺，都能够得到及时、有效的解决。所以，创业初期的家族企业工作效率很高，内部人际关系简单，基本没有什么斗争。

可是，当家族企业发展到一定规模和阶段，大量外来人才的加盟，会使家族企业面临这样的格局——在员工的构成上，第一是来自老板这一方的家族成员，第二是来自老板娘这一方的家族成员，第三才是来自外来人才。

员工来源的多样化，对于家族企业来说，可以说是开渠导流，能够激起家族企业内部的竞争，让不思进取的家族成员感到压力，能够促进企业管理和技术上创新。但员工来源的多样化，也会给家族企业带来一个难以解决的管理问题，那就是三方员工容易产生派系怪圈，从而影响企业的团结。

家族企业内部产生的派系怪圈，对员工和企业会产生什么样的影响呢?

老板和老板娘各自的家族成员能够形成相对固定的关系，他们会尽心尽力维护这个“圈子”的利益，也能够让这些家族成员具有心理归属感。家族企业形成派系之争时，最痛苦和最迷茫的就是外来员工了。因为哪一个派系的领导都不敢得罪，哪一个派系领导的话都得听从，意见出现分歧时，不知道哪个领导说了算。另外，每个派系的家族成员只忠诚于最亲近的领导，于是，在企业内部就形成一种无形的对抗力和阻力。企业成员各自为政，打着自己的小算盘，算计着自己的利益，做不到同心协力，久而久之，家族企业也难以做到统一行动，企业的战略自然也得不到实施。家族成员的短视行为，将葬送企业的大好发展时机。

外来员工随着在家族企业工作时间的长短，会逐渐出现四种分化：

- 加入家族派别。要么投靠老板一派，要么投靠老板娘一派。
- 迷茫不知所归。内心摇摆不定，不知道应该追随哪方派别。
- 两边都不得罪。既不投靠某一派别，也不愿意参与企业的权力之争，只踏实做事。
- 保持个性独立。不愿参与“办公室政治”，坚持自己的处事原则。

专家点拨

当家族企业出现派系斗争时，如果不打破彼此之间钩心斗角的关系，将会产生很多问题。在这种环境下，对于员工来说，个人不知道如何发展，在心理归属上更不知道向左转还是向右转。

案例

一碗水难以端平

在“股权激励9D模式方案生成班”上，有一位商贸型家族企业的人力资源经理跟笔者讲起他遇到的问题。这家公司对外要扩大销售网络，不断地开发和维护客户，进行终端管理、客户管理等；对内有账期管理、销售政策制定、费用报销、产品报损、促销费用申请等，但就是这些行为导致了内部派系争斗的加剧。

从企业的费用报销来说，同样的销售人员，为什么他的费用可以报销，我的却不可以？为什么他的可以马上报销，我的却要等上一周？为什么他的报得多，我的报得少？……这就考验老板和老板娘能否做到一碗水端平，要是端不平，那就“冷了兄弟们的心”，家族成员心理不平衡，谁还死心塌地追随你？

老板和老板娘都有自己的嫡系，他们的派系成员自然有恃无恐。但外来员工呢？如果在企业看不到发展空间，他们迟早都会跳槽。家族企业要发展，没有人才，谁去搞销售，谁去搞研发呢？

专家点拨

如果老板和老板娘在企业中都有自己的势力范围，难免会出现意见上的分歧。为了企业的长远利益，企业领导要把握一个原则：可以观点碰撞，可以思路对抗，可以争论，但最终要能够形成统一意见，否则家族企业的发展就只能原地踏步。

家族企业要想走出人力资源管理的怪圈，走向科学、规范和现代化的发展之路，必须要从以下几个方面着手：

一、管理者进行分工，导入现代企业制度

没有规矩不成方圆。家族企业要想得到长远的发展，就要逐步建立完善的现代企业制度。当然，导入现代企业制度是个系统工程，不是一蹴而就的，只能一步一步来。首先是确定公司的最高决策权，确定老板和老板娘谁是最高决策者，谁是一把手；其次是根据企业的实际情况和老板、老板娘的特点进行具体分工；最后是制定公司的各种规章制度，如果企业的管理问题比较多，可以请专业的管理咨询公司进行系统、科学的管理制度设计。

家族企业要从如下三方面进行严格的管理。

- 用严格的企业制度去约束员工，加强监督，对于有违公司政策、制度的员工，要及时批评和惩罚，严重者要辞退。
- 管理好企业财务。企业的财务要避免发生呆账、死账；在适当的情况下，要减少费用的支出，在不影响市场的前提下，节省企业不必要的支出就是增加企业利润。

- 做好人力资源管理工作。有优秀的人才，才能有科学的管理方式，才有人去落实决策和创造利润。

专家点拨

家族企业要避免管理混乱，企业高层明确分工，该谁管的就谁管，当然也包括员工自己的管理，如果他们能管理好自己，老板们最好就不要插手，以便发挥员工的特长和主观能动性，创新管理方法。

二、拥有精悍的工作团队，才能创造出色的业绩

家族企业创业初期，往往因为创业团队比较团结奋进，所以才能在激烈的竞争中冲出包围圈，获得生存和发展。

企业发展到一定规模后，就会出现老板一派、老板娘一派，员工逐渐失去了强烈的团队意识。尽管每一个派系的家族成员都不希望把企业搞垮，都是为公司的发展着想，但这种企业内部的“潜规则”会影响企业的发展。家族企业要想平衡公司内部的关系，就要打破原有的家族式管理方式，消除派系之争，建立一个团结、高效的团队。

三、站在企业战略高度，规划未来的发展目标

家族企业管理者视野要开阔，不要满足于眼前的得失。家族企业可以站在全球角度规划企业未来的发展目标。这不仅仅是公司的发展方向，同时也关系到员工的未来。公司的发展与员工的发展是相辅相成的，公司有了高远的目标，才能让员工看到发展的前途而愿意留下来。

家族企业进行目标规划时，首先要做到短期目标与长期目标相互搭配；其次是年度目标与月度目标要清晰，只有清晰的目标，员工才能执行；最后是要帮助员工做好职业生涯规划，这是留住人才、发展企业的基石。

不让“嫡系部队”成为绊脚石

在很多家族企业中，财务部这样的核心部门，职员绝对是信得过的家族成员；采购部门担心外来员工拿回扣，所以会安排家族成员担任领导；有时甚至连行政、销售部门，也都由家族成员掌握管理大权。这样就形成了家族企业的“嫡系部队”。“嫡系部队”的业务不是最熟练，但手上握着管理大权；自身的技能不是很强，但手下却管理着一批技术能手；在企业里工作清闲，但说话也最“掷地有声”。

由于创业者自身的思维局限，重视“嫡系部队”的现象屡见不鲜，这就导致“嫡系部队”与外来人才之间缺少信任感。通常情况下，家族企业都是“嫡系部队”领导外来员工，而且也从不把外来员工当自己人，使得企业管理者和外来员工之间从没有真正意义上的信任，造成有真才实学的外来员工得不到重用，这些优秀人才还要分散精力，去应对企业中错综复杂的人际关系。“嫡系部队”的家族成员也认为创业有功，与企业创业者有着血缘关系，在企业中以元老自居，垄断着企业里的重要岗位，这就阻碍了家族企业对外来人才的吸纳和培养。

专家点拨

“嫡系部队”和外来员工最大的区别就是执行的心态问题。家族企业要想发展，必须组建一支高效、权威、专业的人才队伍，不能让“嫡系部队”成为发展的绊脚石。

外来员工即使再才华横溢，也难以获得晋升和重用。家族式的管理模式，以及不规范的人力资源管理制度，使他们难以施展拳脚，成为企业闲置的“人才”，没有发挥的舞台、缺乏锻炼的机会，就难以实现自己的人生价值。在这种失落的环境中，被冷落也就成为员工跳槽的原因，对于家族企业来说这是严重的损失。

一、企业要“不拘一格降人才”

建立现代人力资源管理制度，就必须破除家族式管理。但我们讲的这种破除，不是对家族式管理模式“斩草除根”，不是对它一味否定，而是做到扬长避短，最重要的是让外来人才产生归属感。如果家族企业对外来人才表现出应有的重视和尊重，将会培养外来员工对企业的认同感和归属感。

现代企业人力资源管理的理念基础就是尊重人性，企业只有满足了员工的各种需要，才能实现人力资源管理的目标，才能最终实现企业目标。重视和尊重外来人才，就必须保护他们应有的权利，尊重他们创造出来的价值。对那些创造良好业绩的员工，可以给予股权奖励；对有突出贡献的人，进行物质奖励，或者提供晋升通道，才能让员工获得成就感。这样“不拘一格降人才”，以及灵活地使用人才，企业发展才不是空话。

二、企业家要提高综合素质，适度授权

家族企业创业者接受的教育和文化层次往往不是很高。在公司发展阶段，领导者的综合素质非常重要，因此，家族企业老板需要不断学习先进的管理知识。

对于企业老板而言，最大的危险就是，身边围绕着一群只会“拍马屁”的下属。一个精明的老板，周围经常有一批敢说能干的人才。所以企业老板有必要改变“专制”作风，多主动倾听员工的不同意见，对于那些有见地的意见，必须积极反馈。这种信息交流的过程，可以使员工在情感上增加对企业的认同，感受到老板对自己的尊重和重视。这样，不仅有利于留住人才，也创造了一种活跃的气氛。

企业老板要分清事情的轻、重、缓、急，适度放权，大胆分配给下属一些具有挑战性的工作。这样更有利于工作的开展，能够减轻老板的工作负担，

也能够锻炼员工的工作能力。员工积极参与，能使员工感到被尊重和信任，满足了他们权力需要的欲望，也使员工更有责任心。

案例

不堪重负的企业老板

李先生是广州某建筑有限公司的总经理，5 年前，他和妻子加入岳父创办的这家公司，除原有的园林、绿化等业务外，另扩展出装饰、工程装修、厂房维修等业务。

经过几年发展，这家公司年产值过千万，中层管理人员 10 多名。李先生刚买下一层写字楼，准备大展拳脚，可是疲惫的感觉却与日俱增。

李先生是个工作狂，凡事亲力亲为，身体透支得厉害。他每天都忙着处理公司事务，大事小事都要操心，渐渐的，身体大不如从前。公司的管理制度出现很多问题，急需解决。如何寻找明确的发展方向，如何进一步扩大经营规模，如何克服家族企业的弱点，都成为李先生的心头巨石。

李先生带着这些难题，寻求与柏明顿公司合作，柏明顿的顾问师给他支招：企业做大了，需要职业经理人帮忙运筹帷幄。李先生深有同感，想请一位职业经理人来当参谋，他觉得如果职业经理人的实践经验、业务环境很好，又可以信赖，他就愿意放权，甚至由职业经理人负责操持业务、运作公司。

专家点拨

家族企业创业者因为自身原因，总也跳不出原有的经营管理方法和模式，难以跟上市场的需求和公司发展的需要。这时应及时寻找职业经理人。

企业选择一个职业经理人，最关键的是看对方的职业道德和人品，然后评估其价值观是否与公司文化相吻合，最后还得看对方的工作经验。最好找有外企工作经验的人才，他们能借鉴外企先进的经营模式，帮助家族企业更好地成长。

三、企业要建立科学、公正的用人机制

家族企业在发展和壮大的道路上，必须不断强化人力资源管理意识，建立科学、公正的用人机制，任人唯贤，按照人力资源管理制度招纳贤才。

- 明确招聘需求。根据企业发展对不同层次人才的需求，面向社会吸纳更有价值的人力资源。
- 设计科学的招聘制度，并且严格执行。在招聘过程中，必须将企业的利益最大化放在首位，择优录取，严格考核。
- 建立家族成员退出机制。退出机制可以给家族成员一定的压力，提醒他们不要以为是家族成员就能捧上铁饭碗，没有危机意识，不思进取。这不仅可以激活企业内部的竞争，还能合理有效地利用人才，不会造成企业内部人才的浪费。

四、认清家族伦理与商业原则孰轻孰重

家族企业发展壮大以后，企业老板和家族成员要清醒认识到家族式管理的弊端，明确企业发展目的，认真审视家族伦理道德原则和商业原则，到底孰轻孰重。对于思想、技能落伍的家族企业创业元老，要做好思想工作，可给他们提供力所能及的工作，或给予适当的股权而让其放弃管理权，避免他们对核心决策和人员管理产生负面影响。对于不称职的家族成员，应让其从基层做起，不断学习和补充新知识。这样，有利于建立能上能下的用人机制，留住外来人才。

家族企业能否留住合适的人才，与企业家和家族成员的行为有很大的关系。企业家领导风格的转变，有利于组织结构的完善和企业正常运行。家族成员思想意识和行为的转变，有利于制度的执行、公正气氛的营造和激励制度的形成。这些都有利于家族企业吸引和留住外来人才。

第三章

走出人力资源管理困境

企业老板对人力资源部的工作及制定的人力资源战略抱着怀疑态度，总觉得人力资源管理是最没有技术含量的工作，家族企业与生俱来的管理困境，导致企业人力资源部虽然是正常设置的部门，但在管理上却处于尴尬的境地。

快速成长中的家族企业，或多或少都会遭遇人力资源管理困境，这些困境表现为人力资源管理混乱和不规范，并形成一道难以跨越的屏障。企业家在这道屏障面前疲于奔命，被不断扩张的业务牵着鼻子走，人才招聘的范围也变得越来越狭窄。

另外，随着家族企业发展壮大，家族成员的能力难以适应企业的扩张，必须依靠引进优秀人才，才能适应发展需求。而引进人才的力度加大，将会使企业文化冲突和利益纷争愈演愈烈。在这种情况下，人力资源管理制度改革、企业文化建设与管理制度创新的压力就会加大，如何走出人力资源管理困境，就成为家族企业管理者需要认真对待的问题。

建立名副其实的人力资源部

很多善于学习的家族企业，纷纷将原来的行政部改换门庭，换上“人力资源部”这个时髦的名称。只是令人可惜的是，这种改名只是换汤不换药，实际上这些所谓“人力资源部”的工作职责，在企业中仍没有发生本质上的转变。企业老板对人力资源部的工作及制定的人力资源战略抱着怀疑态度，总觉得人力资源管理是最没有技术含量的工作，一些企业家甚至认为人力资源部是用来装点门面的，是做给外人看的。家族企业与生俱来的管理困境，导致企业人力资源部虽然是正常设置的部门，但在管理上却处于尴尬的境地。

一、人力资源部在家族企业中没地位

家族式的管理模式，使得人力资源部得不到实质性发展，难以参与企业

的发展规划，只是停留在填报员工关系表格、办理和签订劳动合同、到人才市场招聘员工等基础工作上。所谓的人力资源部经理或总监，反倒像是给老板打杂的。

案例

被冷落的人力资源经理

有一个家族企业的人力资源经理，是十分典型的“傀儡”。因为公司的制度并不规范，人力资源部在销售部、生产部等部门面前，常常处于弱势地位，他想制定一套像外企那样的人力资源制度，简直比登天还难。而他的人力资源部，在公司里也形同虚设。

人力资源部不管是招聘普通员工还是中层管理者，都得向老板汇报，并由老板拍板决定。他这个人力资源经理，在别人看来，简直就是多余的。

虽然这样一来，他省事很多，但时时有“大材小用”的感觉，因为他的工作就是每天为老板写材料，安排车辆，对重要客人的接待、公关等。对于这样“简单”的人力资源工作，他已经暗暗动了跳槽的念头。

在家族企业中，人力资源部经理是个并不需要花大气力干活的“闲职”，往往是工作表现不佳的中层干部，才被“塞”到这个没有“油水”的部门。人力资源部到底干什么，连部门经理自身都不知道，只知手机 24 小时开机，随时听从老板“招呼”，人力资源部只是一个“傀儡”部门。

很多家族企业甚至没有专业的人力资源管理人员，即使有，也只是在其他部门找几个文员。这些人员缺乏专业水准，综合素质也还需要提高。而实际上，人力资源管理绝不仅仅是按照传统人事管理模式进行操作，负责管理档案、考勤、发工资等日常事务工作。

家族企业的人力资源管理不规范，导致人力资源管理工作者难以帮助企业制定人力资源战略性规划。这样的人力资源部得不到足够的重视，在企业中也毫无建树和地位，这就背离了人力资源管理的本质，也导致人力资源部在企业管理中地位的削弱。

专家点拨

家族企业老板总说："那些大企业财大气粗，当然要有正规的人力资源部。我的企业是小本经营，随便指定一个员工负责招人、管人就行。"家族企业老板的观念没有转变，人力资源管理的蜕变就无法起步。

二、人力资源部的尴尬处境

家族企业的人力资源部，大多数没有起到应有的企业战略辅助作用。而且我们也发现，家族企业普遍存在以下现象：

1. 企业老板对人力资源部的工作表现十分不满

老板常常抱怨人力资源部只做一些简单的人事管理工作，或者认为他们喜欢玩虚的，满嘴一套人力资源理论，却不能结合公司实际情况，实施科学、系统的人力资源管理。

2. 人力资源部抱怨老板没有适当的授权

由于得不到企业高层的信任和授权，人力资源管理者往往缺乏资源的支撑，制度的规划和制定也得不到老板的支持，很多工作和管理方案很难实施，很多计划刚制定出来，就因为老板的一句话而被否定了。

案例

招聘真的成了难题吗

笔者在管理咨询中遇到过这样一个客户：

这是一家从事卫浴产品生产和销售的公司，该公司在过去的几年里，为招募中层管理者碰到了很多困难。这个公司设立了6个生产和销售部门，老板认为这些部门的管理者有必要提高管理能力。刚开始公司严格地从家族内部招聘，但很快便发现，那些被提升为中层管理者的家族成员一般都缺乏执行新任务的能力。

无奈之下公司决定从外部招聘，但该公司没有专业的人力资源部，只是临时让一个中层领导负责考核面试。一家专业人力资源猎头机构为这家公司推荐了一批优秀的大学毕业生，其中有几个被录用，并被安排在较低的管理职位上，作为中层管理者的人才储备。

但两年后，这些大学毕业生都陆续离开了这家公司。管理层又转向从内部提拔人才，但结果和以前基本相同。由于几个关键的中层管理人员即将退休，该公司老板苦恼不已，于是跟柏明顿公司合作，以求解决之道。

3. 员工对人力资源部的职责缺乏了解

无论家族企业有多大规模，人力资源部普遍存在一种情况：挂着人力资源部的牌子，做的却是十几年前传统的人事管理工作。如果家族企业是在创业初期，人手少，为节省成本而精简部门工作，这还可以理解。但当企业已经发展到一定规模时，还是沿用这种落后的人事管理方式，则难以跟上发展的步伐。

三、明确人力资源部的战略位置和角色

家族企业的人力资源部不能仅从事单一而琐碎的行政工作，而是要从行政服务转变为企业的战略顾问，用现代人力资源管理方法，帮助员工实现自我的人生价值，提高工作效率，更好地促进员工技能的进步和企业的发展。

那么家族企业的人力资源部，应如何定位自身的角色呢？

第一，随着家族企业的发展，人力资源部的定位和角色也随之不断调整。

第二，要结合企业实际情况开展工作。比如，结合企业的长期发展战略，结合企业的经营管理制度，结合人力资源部的整体素质和专业能力开展具体的工作。

第三，担当企业的战略伙伴和执行者的双重角色。人力资源部必须认识到，自己并不是一无是处的摆设，也不是没有实施才能的空间，应该尽力担当起企业的战略伙伴和执行者的双重角色，这样才会受到企业领导的重视，并让其他部门刮目相看。

专家点拨

所谓“战略伙伴”，就是充当老板的顾问或董事会的智囊团，为公司人力资源开发和管理出谋划策，制定人力资源发展战略和规范，完善人力资源管理制度；所谓“执行者”，就是坚决执行各项管理制度，落实公司愿景、使命、价值观和各项制度，并在各个部门和员工绩效上体现出来。

家族企业的人力资源管理者既要有勇气站在企业发展战略的角度，又要站在员工的角度思考问题，实现双方的双赢；要经常与员工沟通，了解员工的需求，及时向企业领导反映员工的意见；妥善处理部门之间、员工之间的各种关系，协调各种内部矛盾和冲突，推动公司各部门的协同合作，增强凝聚力和团队精神。

为了改变其他业务部门对人力资源管理的认识，要主动了解其他业务部门的发展方向、业务流程、人员及学历、技能和素质构成，为其提供咨询和相关人力资源法规的支持，提供有效的建议和科学合理的解决方案，并通过交流沟通，开设培训课程，在企业里逐步导入现代人力资源管理观念等。

四、人力资源部门要当好企业的战略执行者

家族企业从创业到发展壮大，需要经过多年的苦心经营，等积累了一定的资本时，就面临着如何做大、做强和持续经营的难题。不少家族企业因无法突破人力资源管理这一“瓶颈”，而纷纷“败走麦城”。所以，家族企业的人力资源部，必须要当好企业的战略执行者。

家族企业的人力资源管理者，要紧跟企业的发展步伐，站在一定的战略

高度，帮助企业管理高层建设和完善组织架构体系，完善绩效考核体系，设计公平有效的股权激励制度，内部实行竞争上岗，设置以业绩考核为基础的淘汰机制，改造出一套科学、有效的人力资源管理流程。

1. 节约人力资源管理成本并创造高效率

很多家族企业都遭遇过人力资源管理瓶颈，如人力资源管理制度不规范、没有建立起科学的薪酬体系、没有合理的绩效考核体系、没有针对性强的培训、企业文化严重缺失等。所以，家族企业要想在节约人力资源管理成本的同时，还能创造企业效益和员工的高效率，可以从三个方面寻求突破：第一是进行岗位职责分析，第二是导入先进的绩效考核技术，第三是做好适合本企业的薪酬体系设计。家族企业人力资源部门要先把这三项工作做好，才能去完善其他的工作。

专家点拨

家族企业面临激烈的市场竞争，人力资源管理也面临着前所未有的挑战。家族企业要考虑如何最大限度地降低人力资源管理成本，如何通过有效的人力资源管理工具，创造一种企业和员工都能达到的高绩效，从而保持强劲而持久的竞争力。

2. 对人力资源管理模式进行创新

家族企业必须对人力资源管理模式进行适度的创新，使之适应市场竞争和企业发展的需要。在创新和改革的过程中，人力资源部应该做好三项工作：

- 调查研究公司发展战略、现有的组织结构和各个岗位的工作量情况等。
- 制定人力资源改革方案，提交企业领导审核。
- 每一项规章制度出台之前，先做好宣传动员工作，争取得到员工和管理层的理解、支持，才能得到有效落实。

3. 导入先进的人力资源管理制度

家族企业的人力资源管理，没有固定的模式，必须要根据企业的实际情况，对症下药地制定出适合本企业的人力资源管理制度。很多不具备这种专业技能的公司，都寻求与专业的管理咨询公司合作。因为这样的管理咨询公司更专业，做出来的方案也容易落实。

在创新和改善人力资源管理制度的过程中，要做到简单实用、循序渐进、不断改善。

- 简单实用的人力资源管理制度，才能更好地得到有效执行。人力资源管理制度的创新方案做得面面俱到，结合公司实际情况，与公司各部门和领导不断磨合，才能够执行到位。因此，人力资源管理要做到高效，其管理制度就要简单，简单也是企业管理中的至高境界。
- 落实制度要循序渐进。在创新和改善人力资源管理制度时，企业各个部门的业务情况都要充分考虑进去，因为企业内部是一个系统，涉及全局性的事情，需要各个环节协调合作，才能成功。落实制度不能一蹴而就，而要循序渐进。
- 不断改善人力资源管理制度。没有最好的管理制度，只有最适合的管理制度。家族企业面临的外部环境在不断变化，人力资源管理制度也要随之不断调整，只有吻合企业发展战略的管理制度，才能促进企业的发展和管理不断升级。

五、人力资源管理人员要重视自我提升

1. 要善于学习先进的工作理念和专业技能

人力资源管理者必须不断充电，学习先进的人力资源管理方法，做学习型现代企业人力资源管理者。同时，也要具备与人力资源管理相适应的能力

素质，掌握心理测试专业技术、股权激励方案设计、绩效考核及薪酬设计等专业技能，了解和掌握劳动法律法规等。

2. 要有专业的沟通技巧

从事人力资源管理工作，不只是埋头写写方案，它的工作性质决定了人力资源管理者必须要与管理高层多多沟通，与基层员工多多沟通；也要具有宏观的管理能力、优秀的策划和组织协调能力、较强的执行力、创新意识以及敬业精神，形成人力资源部别具一格的影响力；还要从公司战略出发，帮助员工设计和规划多条职业发展通道，让员工发挥其创造力。

人力资源管理模式如何转型

我国家族企业在人力资源管理上，采取家族式管理模式，在创业初期曾发挥了重要的作用。但是企业要想成为有竞争力的现代企业，这种管理模式显然不适合发展中的企业要求。

一、家族企业人力资源管理模式的局限性

1. 在人力资源的配置上，缺乏高素质的人才

现代企业的竞争，形象地表现为“大鱼吃小鱼，快鱼吃慢鱼”。这就要求家族企业不仅需要增强科研创新实力，更要提高各部门的协同办事效率，因此需要配备一些高素质人才，尤其是高素质的管理人才。家族企业任用中层管理者，一般不是通过猎头或者人才市场招聘，而是在家族内部提拔，人力资源管理常常只在封闭的圈子里运作。家族企业的用人唯亲，虽然简化了企业的监督和激励机制，却难以吸纳高素质的人才。

专家点拨

家族企业人才招聘范围狭窄，这就限制了选人、用人的范围，在重要的岗位上，外来人才始终处于竞争劣势。如果亲情关系发生纠纷和矛盾，家族规则也难以制止家族成员的违规行为和内讧，将会导致人力资源的内耗，损害企业的长远利益。

2. 人力资源管理过于沉重压抑，使外来员工缺乏归属感

在家族企业的组织结构中，老板处于核心层，家族成员大多担任中层管理者，而外来人才处于基层的位置。这就使得家族企业的结构化水平很低，人力资源管理制度很不健全，员工的招聘、晋升、培训和辞退等都缺乏规范化的操作，主观随意性很大。比如，可以为家族成员专门设立一个职位，而对外来人才的工作职责、薪酬设计和绩效考核都缺乏科学性、系统性。这往往导致外来员工压力很大，工作上的处罚多于奖励。在这种压抑的工作环境之下，外来员工对家族企业缺乏归属感和安定感，一旦找到合适的机会，就会选择跳槽。

压抑的工作环境、晋升或加薪无望，抑制了外来员工的工作积极性。随着企业的发展，企业老板仍旧一手遮天，受个人能力和知识所限，决策很难保证科学合理。员工待在家族企业看不到发展空间，看不到光明的前途。另外，由于企业老板对家族成员的管理过于松散，纵容家族成员的缺点或弱点，使很多外来员工虽满腹才华却得不到重用，还要受能力平庸的家族成员制约。外来员工才能无法发挥，只能当一天和尚撞一天钟。

案例

老员工为何呈上辞职信

小赵中专一毕业，就来到张先生创建不久的公司。刚开始，小赵从事销售工作，而且做事踏实勤快。正因为如此，小赵很快晋升为张先生的助理，

直接接受张先生的领导，资料整理、办公室管理、公司内的通知联络、客户接待、摄影等就是他的工作内容。

由于公司处在创业初期，业务分工不可能那么清晰，分内分外的大事小事都要做，小赵成了大忙人。按理说，他应该得到了张先生的信任与重用。然而，当公司发展壮大后，他还是提出了辞职，这不得不令人感到诧异，也在公司引起不小的震动。

张先生并没有受过系统的大学教育，但却非常聪明。他年轻时摆过水果摊，拉过大板车，做过工艺品零售生意，多年在社会上摸爬滚打，使他对工艺品市场有很好的悟性。虽然他未曾受过工艺设计方面的专业训练，但他对工艺品的造型和颜色有天生的悟性，对工艺品市场走向的判断特别敏锐，眼光高人一等。

前两年发生经济危机，行业竞争加剧，市场疲软。张先生的公司也遇到了一定的困难，公司内部的问题似乎也越来越多。由家族成员来管理企业肯定有弊端，对此张先生是有所认识的，因此，他注重引进外来人才来充实管理层，条件成熟时也可以把能力不够的家族成员替换下来。

但这样做的前提是，要能招聘到既有能力又对企业忠诚的人才，而这一点真是困难。一方面，企业要招聘有一定专业管理能力的人才不难，但若要找到信用好、能力又强的专业人才就不那么容易了；另一方面，要使老板真正相信一个人，在经营上充分授权也不容易。

小赵把辞职信呈送到张先生的办公桌上，这使张先生感到十分诧异：小赵跟随自己快十年了，平日待他不薄，他为何要辞职呢？

这几年公司曾多次在报刊登招聘启事，先后聘用了几十个大学毕业生，但这些人在公司工作时间不长，大都先后辞职了。起初，张先生觉得现在大学毕业生很多，社会上的各类人才很多，经济不景气，就业状况不好，招聘员工很容易；人走了，再招也不难。但是，人才的频繁流动，严重影响了企业的凝聚力、管理的协调性和连续性。

3. 缺乏适时的激励，抹杀了员工的工作积极性

家族企业普遍缺乏激励措施，更不用说股权激励。外来员工大部分每个月只领到工资，很难再看到任何物质奖励和精神奖励。

个人收入没有体现出个人价值，这就扼杀了员工的工作积极性和进取心。另外，家族企业内部特殊的人际关系格局，使得族内人与族外人划分十分明显，彼此之间缺乏必要的信任，家族成员担心外来人才分享他们企业的成果；外来人才对企业缺少安全感、归属感，在家族企业里常感到度日如年。

案例

如何运用好薪酬激励

与柏明顿合作的客户中，有这样一家通讯设备公司，从一个仅有十几人的小作坊式的不知名企业，经过十多年的打拼，发展到今天业内屈指可数的知名通讯设备公司，人员规模也迅速扩大到了近500人。

在创业初期，员工十来个人，谁技术过硬、贡献大，谁的工资、奖金就高，全凭老板一支笔。即便是这样，大家觉得老板的判断是公平的，每个人干得都开心，也没有人有怨言。

但是随着公司的规模逐渐扩大，人员不断增多，老板的判断也不是那么准确了。底下员工就开始议论，人心也开始浮动。倒不是因为个人工资拿得少，而是觉得内部薪酬设计和权力分配不公平。

为了让薪酬设计更合理和具有竞争力，老板要求人力资源部去了解市场薪酬情况，但苦于没有可靠的信息来源，只好通过同行之间非正式沟通获得零碎的信息。尽管是不尽如人意，但总算有了进步，公司内部设计了一个初步的薪酬体系，员工的议论似乎也少了。

新的薪酬制度运作一段时间之后，人力资源部经理开始报告工作，由于公司提供的工资水平在市场上没有竞争力，导致人力资源部开展招聘工作时遇到困难。经过了解，其实不是公司提供的待遇低，只是因为公司的工资结

构是基本工资＋奖金，初次应聘者只看重基本工资，认为奖金有可能是公司画的空饼，因此不愿意到公司来工作。这样，在招聘时就很难吸引到高水平的人才。

后来公司处于快速扩展的黄金时期，需要大量引进高素质人才，在这个节骨眼上，对工资结构进行了调整，于是工资结构就变成了基本工资＋浮动工资，员工的工资总额调上去，但是取消了原有的奖金。在月度考核时，绩效优秀的员工除可以拿到全额工资外，还可以拿到超过他个人工资标准的超额浮动工资；绩效差的员工浮动工资就要被部分扣除或全部扣除。但是为了有效控制公司的工资成本，全公司的工资总额是不能突破公司的月工资标准的，即有人被奖励多少钱，就要有人被扣除多少钱。

这种薪酬制度和绩效考核制度，从理论上来说是具有科学性的。一开始各个部门经理还挺配合人力资源部的工作，认为这个制度能够促进员工的工作积极性。但是不久，新的问题出现了。员工被扣浮动工资后，就觉得公司的这个制度就是变着法子克扣员工的工资，本来一个人的工资标准是固定的，可是现在变得没有保障了，部门经理掌握着“生杀大权”。尽管通过一再的沟通与解释，员工仍然无法接受现实。

而且部门经理在实施绩效考核的过程中，也感受到来自员工的压力，如果浮动工资扣得过严，员工流动性就会增大；如果放松标准，优秀员工又得不到激励。所以部门经理最终放弃了这种与考核挂钩的浮动工资，部门所有员工都属于合格，即没有特别差、也没有特别突出的员工。整个公司的浮动工资体系就这样失去了效应。虽然发牢骚的员工少了，但是优秀员工的不满却在心里开始滋生。

专家点拨 >>

大部分员工是需要正向激励的，总渴望奖金激励这种方式。但是任何好的激励制度都要建立在公司赢利的基础上，不然只会损害公司的长期发展。

<<

4. 人力资源开发投入过低，难以留住优秀人才

人力资源开发就是培养与提高企业员工素质与技能，使他们的潜能得以充分发挥，最大限度地实现个人价值。

很多企业家出于个人情感，更愿意给家族成员提供最好的培训机会和管理岗位；而对于外来员工，却不断压缩他们的教育培训投入，且因为外来员工没有机会轮岗，也难以获得加薪和晋升机会，自然人心不稳，容易跳槽。

二、家族企业人力资源管理模式需要转型

家族企业人力资源管理的弊端，使企业在发展壮大的过程中受到很多限制。所以，家族企业要发展成为现代化的企业，必须进行管理创新，建立科学合理的现代人力资源管理体系。

1. 逐步导入现代人力资源管理制度

家族企业并不是管理落后的代名词，企业发展到一定的阶段，或者规模壮大以后，就必须导入现代管理制度。

通过导入规范化的现代人力资源管理制度，不管是家族成员还是外来人才，都一视同仁，都能够公平竞争管理岗位，优秀员工通过努力也能得到晋升。对聘任的职业经理人，需按照公司制度下放适当的权力，同时完善监督和激励机制。

这样，家族企业老板从“集权”到“放权”，也能够摆脱具体事务的缠绕，可以集中时间和精力，思考企业战略规划和长远目标，更有利于企业的发展。

专家点拨

家族企业要按照发展的需要，不断超越家族式管理，逐步导入现代企业管理制度，这是家族企业获得永续经营的基础。

2. 创建以人为本的企业文化，增强员工凝聚力

创建以人为本的企业文化，企业首先要尊重员工需求，关心员工的成长与发展，让员工分享企业发展的成果，而不是仅仅把员工当成生产和赚钱的工具。

家族企业要摒弃把员工当成“劳动工具”的传统思维，要意识到人才是企业发展壮大的最重要的资源。在人才开发、利用、培养上，都应以员工为核心，体现出以人为本的管理理念，充分尊重员工的发展期望，适当给予员工物质和精神激励，达到企业与员工的双赢。如果能够创建以人为本的企业文化，将使企业产生强大的凝聚力和向心力，员工也产生归属感，愿意与企业同甘共苦、同舟共济。

专家点拨

优秀的企业文化是全体员工认同的共同价值观，能够增强企业吸引力、凝聚力。通过企业文化建设，营造一种尊重和关心员工、促使员工发挥其才能的人性化的企业文化氛围，在员工和企业之间建立一种互动依赖的关系，使员工产生归属感，能够转化为积极向上的工作动力。

3. 提高企业内部管理的结构化水平

家族企业要建立系统、科学的规章制度，提高企业内部管理的结构化水平，这是人力资源管理科学化的重要步骤。比如，要用科学的方法制定企业的人力资源规划，根据企业的战略目标和实际需求，制定人力资源的招聘、培训和开发策略；不断扩大招聘范围，打破家族式人力资源的封闭运作体系。对能力一般的家族成员要设置退出机制，同时，面向社会招聘有才之士……

4. 创新激励手段，形成激励机制的良性循环

企业要对员工素质和绩效进行科学合理的评估，并以此为依据公平地实

施奖罚；同时通过法律规范等来规定当事人的权利、义务和责任等。

美国哈佛大学教授詹姆斯通过对员工的激励研究发现，实行计件工资，员工的能力只能发挥20%～30%，当实施充分的激励后，员工的能力发挥到80%～90%。由此可见，激励对调动员工的积极性具有重要作用。

因此，家族企业必须进行激励手段的创新，通过实行薪酬激励或股权激励等措施，使外来人才特别是职业经理人拥有企业的股份，这样，这些外来人才才能把自己与企业绑在一起，一荣俱荣，一损俱损。所以，合适的激励手段，对于员工具有非常重要的意义。

家族企业人力资源管理常见误区

我国很多家族企业从创业起，人力资源管理就表现得先天不足。在企业发展过程中，低水平的管理模式和落后的人才观念，使得家族企业陷入了低效率的运作，导致家族企业由盛而衰。下面就家族企业人力资源管理存在的一些误区进行分析，帮助企业家和人力资源管理者扬长避短。

一、在制度安排上随意性很大，缺乏规范

家族企业的人力资源管理制度不规范，在员工的招聘、录用、培训、晋升和辞退等环节上，往往凭借企业家或人力资源管理者的经验主观判断，随意性很大；但对家族成员，不管其是否有能力，能否胜任这一工作，都安排在重要岗位。因此，家族企业人力资源管理，必须杜绝随意性的管理习惯，必须执行一套规范、系统和科学的人力资源管理制度，依靠制度管人，才能提高企业的效益。

案例

如何突破人力资源管理“瓶颈”

柏明顿在珠海市有一家客户。这是一家生产型家族企业，在机械加工和生产方面拥有核心竞争力。集团下属三个子公司，都实行独立核算，自负盈亏，共有员工800多名。公司的组织结构按工作类别分为管理部门、生产部门、销售部门及物资供应部门，各子公司生产部门下设车间、工段及生产班组。

这家公司刚开始只是一个作坊式的小工厂，经过一段时期的技术革新，企业得到快速发展。随着公司业务规模的空前扩大，家族式管理体制开始显得滞后，成为阻碍公司发展的“瓶颈”，特别是人力资源管理显得更为薄弱。

比如公司的组织结构，因为总经理过于集权，导致其他职位完全按照总经理的意愿进行编制，设计极不规范。部门职能和岗位职责不清，责任不能落实到个人；部门之间、岗位之间常常推卸责任，相互之间难以有效协作和配合；绩效考核流于形式，根本无法区分员工绩效的优劣，更谈不上激发员工的积极性。

为了改变这一状况，公司高薪聘请了一位职业经理人，专门负责企业的人力资源管理工作。可是不到半年，他就提出辞职。一时间，公司的人力资源管理陷入混乱。

随着外部的激烈竞争及企业进一步发展的需求，这家公司的老板感到了巨大的压力，开始关注如何突破人力资源管理的“瓶颈”，如何使家族企业脱胎换骨，建立真正意义上的现代企业制度……

二、以为“人事管理”就是“人力资源管理”

很多家族企业仍将现代的人力资源管理，简单地看成传统的“人事管理”。有些家族企业没有设置人力资源部门，即使设置这样的部门，部门的工作也仅仅是考勤、奖励、工资审核等，完全起不到企业人力资源战略的实质作用，也没有能力设计出一套挖掘和培养人才的中长期计划，由此经常使得家族企业的人才青黄不接。而一个企业没有规范、科学的人力资源管理，很难把企业管理做到位，做得出色。

专家点拨

家族企业必须要从战略上重视人力资源管理，进行管理体制的创新和改革，把人力资源管理提高到关系企业生死攸关的位置，重视对人力资源这一部门的投入和支持力度，才能应对日益激烈的竞争。

三、在人才认知上，认为员工学历高能力就强

很多家族企业老板本身文化层次较低，在视野开阔以后，以为学历层次比较高的员工就能帮助企业壮大实力。

基于这样的人才认知，不少企业老板逐渐走向“唯学历论”的极端：不论工作岗位是否需要高学历人才，也不分析岗位职责的要求，更不在乎员工人力成本，只要是高学历的应聘者，都无条件地录用，却忽视应聘人员的工作经验、团队精神、创新意识等方面的综合能力。于是，一些家族企业管理人员整体学历很高，然而管理效率和水平却很一般。

所以，家族企业管理层要转变这一人才认知误区，认识到只有工作能力强、是公司发展需要的人才，才是真正值得聘请的人才。反之，光有高学历，能力素质低下的人，只能损耗公司的人力成本，影响公司的工作效率。

四、在人才结构上，看重技术人才而轻视管理人才

在很多创业型家族企业中，创业者往往是出色的专业技术人员，在技术创新、产品开发等方面具有自己的优势。当这些创业者把企业引入正常轨道并不断发展壮大之后，这些企业家就容易陷入经验主义的误区，片面地认为有了先进技术就能生产出高质量的产品，就能迅速占领更多市场。

看重技术人才而轻视管理人才，这就造成企业人才结构过于单一。过分注重技术开发，却忽视管理人才的协调和领导作用，产生的结果是，企业虽然有着先进的技术研发能力，产品性能也很有竞争力，但由于管理的理念和执行力跟不上技术创新的步伐，导致企业的整体经济效益大打折扣。

五、习惯用物质激励代替人性化的关怀

有些企业家认为，只要给予优厚的福利待遇，什么人才都能找到；只要提供丰厚的奖金，要他们做什么，他们就会死心塌地去做什么。但结果是，很多高薪请来的经验丰富的技术人才和管理人员，却因与家族企业的管理制度产生各种矛盾，呆不了多久就跳槽了。很多家族企业对激励的理解只有“奖励和惩罚”，而且激励手段也只有物质刺激，业绩出色就加薪，业绩差或出现错误就罚钱。

员工进入一家公司，首要追求的虽然是福利待遇，但也有深层次的心理需求，看重精神上的尊严和实现自我价值，还要考虑这家企业的发展前景，能否提供发挥才能的舞台，是否有广阔的发展空间等。因此，企业要创新激励手段，比如导入股权激励，留住公司的骨干人才。只有加强精神激励，注重感情投入与人性化的关怀，才能让员工在心理上对公司产生归属感。

案例

著名外企的激励方式

西方国家的人力资源管理理论中，将调动人力资源的动力归纳为三类：第一是物质动力，第二是精神动力，第三是信息动力。一些著名的外企在这方面做得不错：

美国迪斯尼乐园的员工全都戴着只有企业标识的胸卡，上面没有员工的姓名，员工之间不论级别高低，都是直接称呼对方的姓名；行政人员每周必须充当一次销售员，在游乐场内卖爆米花或收票，亲身体验基层员工的工作。

美国惠普电脑公司不管是经理人还是普通员工，都直呼其名，不称职位头衔；公司董事长和总经理的办公室大门永远敞开，员工可以直接上访和上诉。

日本东芝公司总裁土光敏夫十分关心基层员工的生活情况，每天早上7点半，他会准时坐在办公室里，听取员工的投诉和意见。

摩托罗拉公司各层领导办公室的门从来都不关闭，员工随时可以进入提出意见；员工伙食由管理委员会自定；到了员工生日，公司领导都要到场祝贺。

日本索尼公司有一项“内部招聘”制度，高级别的员工可以在公司的任何部门寻找项目，而不需经过本部门主管领导的审批。

六、在人才开发利用上，注重人才引进而轻视人才培养

家族企业必须具备规范和科学的人力资源开发与培养战略，才能提高企业的创新能力。但一些家族企业在人才开发上表现得急功近利，这些企业不愿承担人才投资成本与人力资源投资风险。为了应付企业的人才需求，总想招聘有经验的人才；或者等到人员空缺影响正常运作时，才着急地从外部招聘，这样必然难以保证人才质量。

七、以为优厚的待遇就能留住优秀人才

家族企业往往认为，只要给予优厚的待遇，优秀人才就愿意留下来。但实际上，优厚的待遇只是一个方面，仅有优厚的待遇未必能让员工死心塌地地留在企业。

案例

玫琳凯：用事业留住新员工

玫琳凯公司是一家大型化妆品跨国企业，十分注重用事业心留住企业的老员工和每一位新员工，让这些员工产生归属感。

上班第一天，每位新员工都会收到一份“大礼”——门口的立牌上写着中英文的欢迎词。另外，培训专员会交给新员工一个文件袋，装有公司资料、规章制度、电脑及管理系统的用户名和密码。新员工走上岗位，电脑、电话、文件架、印有公司标识的笔记本、圆珠笔、文件夹、订书机等办公必需品就准备好了。

然后进行3天的培训，培训讲师都是总监级别以上的公司高层管理人员。

第一天的培训让新员工了解公司的历史、价值观、公司使命、愿景以及公司的发展策略。

第二天的培训中，各个部门的总监会把每个部门的职责、目标、愿景、策略向新员工做介绍，使每位新人对公司业务流程有初步了解、清楚各部门的职责，更容易进入角色和工作状态。

第三天的培训叫做“事业有成”。“事业有成”培训的是有关员工职业生涯发展的内容，目的是给员工指明发展方向，帮助他们对自己的职业进行深入的认识和长远的规划，准确定位自己的职业和位置。

整个新员工培训结束后，培训部还要跟进与评估。他们专门设计问卷，了解新员工在企业的工作情况、和主管及同事相处的情况、是否能够承受工作压力、是否认可公司价值观等。3个月试用期满时，部门主管会对新员工作评估。

玫琳凯对员工细致入微的工作，使新员工进入公司后，都把工作当成自己的事业。玫琳凯用事业留人、用感情留人，这也许是其发展壮大的重要原因。

八、把员工当“成本”，而不是当“人力资源”

有些生产型的家族企业，需要依靠低廉的劳动力才能获取利润。很多员工都处于超时或超强度工作状态，极易造成员工产生职业倦怠感，很多员工难以忍受这种压抑的工作环境，只能选择离开。

专家点拨

家族企业要尊重人才，就要认识到企业管理者与员工之间的人格是平等的，在管理上不应该强迫员工服从，而是通过适当的激励措施，激励员工的工作积极性和创造性。

第四章 千方百计留住优秀人才

虽然有不少家族企业为招聘优秀人才做出了很大努力，但结果却差强人意，良将难求，留人更难，家族企业的人才流失不再是个别现象，而是已经成为制约我国家族企业进一步发展壮大的难题。

无论是多大规模的家族企业，作为企业持续发展的动力——人才，越来越显出其重要性。家族企业在创业初期，运用家族式管理还是有一定的优势和合理性。但是，当企业发展到一定阶段，不少家族企业的优势却转化成了劣势，家族式管理显现出来的随意性和封闭性，使得企业在人才的引进方面，显得十分排外。

不拘一格吸引优秀人才

虽然有不少家族企业为招聘优秀人才做出了很大努力，但结果却差强人意，良将难求，留人更难，家族企业的人才流失不再是个别现象，而是已经成为制约我国家族企业进一步发展壮大的难题。如何实施有效的人力资源管理制度，吸引和留住人才，如何才能使家族企业实现可持续发展和基业长青呢?

一、合适的人才，才是最好的人才

家族企业最需要什么类型的人才?对于这个问题，可谓“公说公有理，婆说婆有理”。其实，对于家族企业来说，合适的人才才是最好的人才。松下公司创始人松下幸之助在招聘人才时，有一套独特的标准: 70 分的人才，已足够完成企业交给的任务了。

一些目标远大的家族企业求贤若渴，为了招聘到优质的人才，他们不惜开出高薪，甚至找人力资源猎头机构，挖同行对手内部的骨干人才。他们尤其希望招聘一些具有国际视野的人才，为企业注入生机和创新活力。

企业虽然能够招来具有留学背景的“海归”——他们具有现代管理理念和适应国际竞争的管理能力，但接受的是西方的企业管理理念，与中国家族企业的管理模式格格不入，最后的结果往往是家族企业与“海归”难以沟通成功，最后只好分道扬镳。阿里巴巴 CEO 马云说过这样一句话：“不合适的人才即使能力再高，在一起工作，感觉就是在用飞机的引擎来拉拖拉机——配不上。”

因此，家族企业必须树立正确的人才观，招聘合适的人才，这样才能降低人才的流动率。企业与员工彼此珍惜，这也是一个双赢的过程。

案例

只需要“门当户对”的人才

柏明顿在东莞有这样一个客户。这是一家生产品牌微波炉的家族企业，其人力资源部选择人才时需要“门当户对”。他们每年招聘毕业生时，不大愿意招聘品牌大学和“海归”毕业生，只要来自国内普通大学、成绩在中上等的毕业生。虽然这些大学毕业生成绩并不是最优秀的，但是已经拥有公司需要的专业能力，而且由于这些毕业生不是来自最好的大学，他们在公司中能够有更好的战斗力。

专家点拨

家族企业招揽人才的时候，必须了解公司到底需要什么样的人才。人力资源部招聘员工时，可以全面征求多方的意见，多加考虑企业管理体系、资金实力、人力资源等现状，从而招聘到适合企业发展的优秀人才。

美国的吉姆·柯林斯在他所著的《从优秀到卓越》中写道：“那些成功实现从优秀到卓越转变的公司的人士心里十分清楚，任何卓越公司的最终飞跃，靠的不是市场，不是竞争，也不是产品。有一件事比其他任何事都举足轻重，那就是：招聘并留住好的员工。”

所以，家族企业就要想办法寻找和招聘适合本企业实际的人才，让优秀人才云集旗下，帮助企业发展和壮大。

二、多种渠道挖掘优秀人才

1. 从公司内部提拔表现优秀的员工

很多家族企业很注意在招聘上节省成本，而从公司内部培养和提拔表现优秀的员工，是成本最低、效率最高、效果最好的方式，这就需要建立一套系统的内部培养和选拔机制。家族企业由于人力资源所限，选拔对象范围较小，所能投入的资金也很少，所以培养和选拔要有重点和针对性。

2. 通过外部渠道，物色和招聘精英人才

外部招聘也是家族企业选拔人才的重要途径，外部招聘的方式和来源主要有：

- 参加人才市场招聘会。家族企业要积极参加人才招聘会，参与人才市场的竞争，利用企业自身的各种条件，努力招聘到合适的人才。
- 通过校园招聘会，发现和挖掘优秀毕业生。
- 从别的企业，特别是同行的企业中挖掘人才。不过，这样“挖”人，容易引起恶性人才竞争，付出的人力成本更大。
- 临时招聘急需的员工。当业务紧张时，可以短期临时招聘一些技术能手、管理顾问等人才。

案例

招工难题该如何破解

自从经济危机发生以来，招工难是珠三角很多企业的心病，特别是服装这类劳动密集型的家族企业，更为招工难叫苦连天。

前几天，一位服装公司的总经理对柏明顿公司的一位顾问师说，因为今年工厂扩建，急需招一批管理人员与生产工人，在与各人才市场联系后，招聘的效果都很不理想。没有办法，整整3个月，他在工厂边设摊蹲点，现场招聘，还是没有招到足够的工人，更不用说合适的管理人才了。更叫人难受的是，人力资源部在外面招不到人，同时工厂里很多普通员工与管理人员不断地流失。面对这样的局面，他这个总经理整天都是愁眉苦脸，却找不到破解的办法。

三、家族企业要打造优秀的雇主品牌

优秀员工都在寻找最佳雇主，从某种意义上说，也是在寻找各行业中最值得人才追随的雇主，同时也探寻雇主是否拥有充满前景和价值的公司及产品。员工的选择很多，市场变化也加快，在吸引员工方面，家族企业雇主的品牌同样重要。因此，必须提高家族企业领导者的素质，加强制度管理和企业文化建设，改善企业人力资源管理，加强企业雇主品牌形象建设。

案例

美国西南航空如何赢得员工忠诚

美国西南航空是世界知名的航空公司，它的飞机从到达那一刻至起飞时，通常只需15分的周转时间，而其他航空公司却需要35分钟。西南航空公司高效的运作、科学的管理模式，赢得了广大客户的信赖。同样是航空公司，西南航空公司为什么就能为客户缩减20分钟的时间呢？原来西南航空规定，在起飞前，飞行员要帮助乘务员打扫客舱，在登机口协助乘客登机，空服人员、地勤人员齐心协力，形成一个团结合作的团队。

西南航空的薪酬并不是最高，但西南航空的员工流失率却很低，很多跳槽到西南航空的飞行员，是被这家公司的人性化管理所吸引的。

西南航空实施了科学的员工激励，赢得了员工的高度忠诚。同时，它也实施了人力资源战略，那就是对有价值的雇员，可以承诺长期雇用，把“永远不解雇员工”这一保障条款写进了劳动协议。员工能够分享企业发展的成果，有些优秀的员工获得了公司的股权。

表面上西南航空的员工待遇较低，但员工有机会获得公司的股权，他们都努力工作，也更加关注企业的发展壮大，不会轻易做出损害企业利益的事情。

西南航空的薪酬理念就是，永远把雇员的利益摆在第一位，为此还制定一套员工福利计划，用于鼓励和嘉奖一些积极的行为，对员工的特殊贡献给予奖励，以及在员工特殊的日子给予祝贺。

专家点拨

与西南航空公司的激励模式截然不同的是，我国家族企业采用的激励模式主要有两种：一是“威胁激励”，老板不担心员工跳槽，因为他不担心招不到人；二是认为给予员工物质激励，员工就会努力工作。这两种激励模式，导致家族企业难以得到员工的高度忠诚。

四、创造吸引人才的工作环境

家族企业要善于发挥自身优势，有效利用企业有限的资源，以各种方式努力创造吸引人才的条件。

案例

用什么条件去吸引人才

与柏明顿合作的客户中，有这样一个家族企业。这家公司主要经营电视机、冰箱等家电产品，年产值超一亿元。这家公司的快速发展十分引人关注，在保持较高经济增长率的情况下，还得到80%以上的员工满意度和不到3%的员工流失率，该公司的迅速发展坚持怎样的管理理念？这家公司的人力资源部是这样做的：

这家公司在选才标准上，十分青睐复合型人才。这家公司对所有岗位都有明确的岗位说明，并根据周期性的绩效考核，对不同表现的员工进行升职或岗位轮换，以确保合适的人在最合适的岗位上。公司每年有近千人的招聘计划，从应届大学毕业生到具备国际化背景的中高端人才，其中，能够适应科技化、产业化、国际化战略要求的复合型人才是热门需求。

企业通过建立学习型企业，争当“跑得最快的狮子”。该公司与大学紧密联系，同时引入MBA课程体系，还按照国际培训管理体系的要求建立了三级培训体系；鼓励员工自我学习和内部知识共享，以“师傅带徒”的形式保证知识的传承和发展，不定期举办管理沙龙，促进内部的知识共享和交流。

只有业绩出色的人，才有可能得到晋升。在人才的使用上“重学历，更重能力”，通过严格的绩效考评对员工进行科学合理的评价，通过竞聘上岗和岗位技能竞赛，在公司内部塑造出一个公开、公正、公平的“赛马”机制，给人才充分发展的空间，真正做到“人尽其才，才尽其用”。

在公司内部执行公正、公平的奖罚制度。该公司深谙“财散才聚，财聚才散”的道理，薪酬制度以岗位年薪为基准，通过技能薪酬平衡专业技术队伍的岗位差异，同时以绩效薪酬平衡经营管理队伍的贡献差异，在薪酬分配中重实绩、重贡献，分配向关键岗位和技能突出的人才倾斜，构建以经营业绩为核心的多元分配体系。

注重用感情留住优秀人才。这家公司强调“沟通是最有力的武器”，对于员工，设有合理化建议奖，积极鼓励基层员工参与公司管理；每年都进行员工满意度调查，建立一个与员工沟通和对话的平台；在员工的每一发展阶段，上级总能及时给予下级必要的指导和帮助，主动进行工作交流和沟通。

1. 实施灵活的薪酬制度，使优秀人才愿意来

家族企业要设计一套有自身特色的灵活的薪酬方案，很多公司采用柏明顿的“三三制”薪酬设计，取得了非常好的效果。科学、合理的薪酬设计，不仅提供了充分调动人才积极性所必需的物质激励，也有利于增加家族企业对人才的吸引力；在引进新人才后，也不会引起组织内部的不稳定，老员工也不会轻易跳槽。

2. 建设良好的企业文化，营造融洽的留人环境

优秀的企业文化，是全体员工认同的共同价值观，在增强企业吸引力、凝聚力方面发挥着巨大的作用。家族企业要获得持续发展，要增强核心竞争力，必须有优秀的企业文化。家族企业要建立远大的企业愿景，激发员工的创造力和工作热情，让员工分享企业发展的成果。富有特色的企业文化，能够把外来人才凝聚在一起，打造出一个团结奋进的工作团队。

专家点拨

家族企业的文化建设，就是要营造一种人性化的工作氛围，在员工和企业之间建立信赖的关系，使员工产生归属感，从而转化为积极的工作动力。优秀的企业文化，在吸纳人才方面发挥着重要的作用。

谁动了员工的稳定性

家族企业招聘优秀员工难，培养出一名优秀员工也难，而要留住优秀员

工更是难上加难。据统计，家族企业的员工跳槽率达50%，而且大部分跳槽者是经理人员和部门主管。优秀员工不顾家族企业的挽留，毅然辞职而去，甚至重点培养的员工，也不顾企业家的重托，选择“水往高处流”。每年的黄金跳槽期，总是让家族企业人力资源部“提心吊胆”的日子，这时候，总有一大批优秀的员工离职而去。于是，也总能听到人力资源部的员工叹息道：该拿什么来留住你，我的员工？

案例

人才流失让企业提心吊胆

柏明顿在佛山有一家客户。这家电气设备公司的总经理冯先生，在2010年春节期间非常着急。公司接到大量订单，正是急需用人的时候，但2009年公司培养的一批熟练技术工人，春节后并没有全部回到公司，回来的部分工人又向公司提出大幅加薪的要求。销售部的9名员工，有5人提出辞职，管理人员也有相当一部分心态不稳，预计9月份员工的流动率还要提高。一年以后，销售部、技术部、采购部更换了近一半员工，工人的流失就更大了，将近30%的员工流动率对公司的生产经营造成了巨大的影响。

冯先生叹息说，以前没有订单，常为发不出工资而发愁，现在苦恼的是有了订单却没有工人去做。而且利润越来越微薄，员工人心不稳，新劳动合同法一出台，公司炒员工难了，员工却是想走就走。

员工的需求是什么？家族企业能否满足他们的需求？如果企业能满足这些优秀员工的需求，进行了切实有效的激励，将促使员工在企业中实现个人的理想。但是当员工的需求期望和企业提供的待遇存在差距，且这个差距升级到一定程度，而其他企业却能把这种差距缩小时，员工就会选择跳槽。由于员工的需求各有不同，影响员工满意度的因素也不尽相同。这些因素一般包括有竞争力的报酬、有挑战性的工作、和谐的工作关系、个人与职业的匹配程度、实现个人价值等。

优秀员工离开所在的企业，必然有员工能够说服别人的理由。家族企业的人力资源部，要认真反思管理方式和方法，避免重蹈覆辙，当然，也有必要弄清这些优秀员工跳槽的真正原因。

案例

优秀员工不断流失的深层原因

柏明顿公司的顾问师参与了对某家具公司的管理诊断。这个家族企业的董事长无法忍受客户对质量方面的投诉，希望在生产、客户响应、物流、人力资源等方面尽快改进，于是希望借助管理咨询公司的力量去提升人力资源管理水平。

柏明顿公司的项目组进驻这家公司后，首先做了小范围的访谈调研，以确定该企业目前面临的最大问题是什么。在这个过程中，我们发现不仅仅是人力资源部，各个用人部门都在抱怨一个问题：工资太低。新来的员工只要掌握了操作技能就被竞争对手挖走了，留下的人都是技能一般的，产品质量无法保证，供货自然就跟不上。

公司的员工为什么毫不犹豫地选择跳槽呢？别的公司提供的薪酬又比该公司高出多少呢？离职人员当中有多少人是到了竞争对手那里呢？这家公司与竞争对手的差距仅仅是在薪酬上吗？带着上述问题，我们开始了实地调查、资料分析等诊断工作，开始对这家公司进行全面的“体检”。

在这家公司员工的抱怨声中，我们发现“收入低”这个被企业看成员工流失罪魁祸首的问题，已经显得不是那么重要了，虽然还不能被我们所忽视，但至少不是一线员工流失的最主要原因了。根据调查结果，我们发现薪酬待遇低绝不是造成员工流失的最主要原因，提高收入也绝不是留住员工的一条捷径，激励因素太少、人性化管理缺失才是该企业人力资源管理中最大的问题所在。

专家点拨

家族企业与其被动地应对竞争对手，不如主动地采取措施，将员工视为企业发展的重要资源，重视员工的职业发展和身心健康，为员工打造一个能够促进其投入热情的工作环境，并对其贡献给予合理的物质和精神激励。相信能够做到这些的家族企业，不仅可以减少员工跳槽的几率，还有可能吸引已经离开的员工回来！

一、员工看不到企业的发展前景

据有关调查资料统计，员工跳槽的首要原因是看不到发展前途。一个优秀的员工，对企业的发展前景十分关注，因为只有企业发展了，员工才会有发展。如果企业发展前景暗淡，员工看不到未来和目标，就会对企业失去信心，而对企业没有信心的员工，必然选择离职。

很多员工应聘到家族企业工作，都希望能够获得丰厚的薪水。但是等到工作稳定后，就会考虑个人的发展机会和前途问题。这一点在职业经理人身上体现得较为明显。比如，员工如果在家族企业中前景广阔，通过努力能够获得公司的股权激励，就会继续干下去，反之，则会选择“人往高处走”，离职是必然的了。

专家点拨

在家族企业中，员工被安排在某个固定岗位上工作，很难有机会晋升。如果员工发现有更能施展其才华的企业，就会选择跳槽。

二、压抑的工作环境，迫使员工跳槽

1. 家族式管理风格，使员工感到很压抑

一些家族企业缺乏科学和人性化的管理制度，内部管理十分混乱，导致员工无所适从，不知道应该怎么做才符合企业的要求。企业缺乏规范的制度，员工自然没有职业安全感。

案例

家族式管理让员工倍感压抑

最近，已成为某家族企业骨干的王小姐，毅然放弃高薪职位离职。随着“跳槽黄金月”的来临，家族企业里面的骨干员工流失也变得越发严重。

王小姐从大学毕业就进入这家企业，虽只有大专学历，但因业绩出众，工作两年就当上了部门负责人，月收入从最初的1500元涨到近3500元。可就在亲朋羡慕王小姐的“钱途”可观时，她却对工作失去了兴趣。

原来，这家公司是一家典型的家族企业，核心管理人员全是亲属关系，王小姐的顶头上司就是总经理的女婿。尽管普通身份的员工工作十分努力，但两年来无一人升职。此外，因存在利益冲突，公司内几大派系斗争十分严重。

王小姐对工作倍感压抑，7月底，便悄悄把简历投到一家知名外企，经过“过关斩将”，已经被这家外企录用了，她也正式向老板提交辞呈。

企业家的家族式管理风格，对员工的工作情绪及工作积极性有较大的影响。有些企业家不注重培养自己的领导魅力，更不重视人才，解决问题的出发点是以企业利益为重，容易损害外来员工的利益。一些企业家喜欢“拍脑袋”就做出决策，或是不经考虑就向下属发出工作指令，却没有明确的工作标准，员工即使努力工作，也难以获得认可。如果员工感到不适应上级的管理风格，会对上级领导心生反感，也找不到工作的成就感，没有了乐趣的工作，跳槽是早晚的事。

案例

谁抛弃了汇源

2008年9月，汇源公司以高达196亿港元的总价，与可口可乐达成并购协议。不过，这桩并购案被商务部否决了，否决的原因主要是出于保护民族品牌。

汇源公司能够发展到今天，主要是具有雄厚的资本，但却因为家族式的人力资源管理导致失败。“人聚财散，财聚人散”，汇源公司今天的失败，是因为忽视了人力资源价值。

朱新礼通过雄厚的资本运作，壮大了汇源公司，他本人也成为亿万富翁。可惜，在公司内部，员工只能共苦，难以同甘，朱新礼没有让身边的工作团队共同富裕，能够享受企业发展果实的只是朱新礼以及他的家族。朱新礼在公司组织架构中，并没有给创业员工和聘请的职业经理人留出更多发展的空间，也没有实施有效的股权激励，导致10名副总级别的经理人先后跳槽。

汇源沿用浓厚的家族式管理，尽管它倡导“人才决定企业的业绩，业绩决定企业的兴衰”，但在实际操作上，汇源却是一个典型的家族企业，封闭、防御性极强的人力资源管理，只能是家族成员霸占了整个管理层，出任要职，职业经理人没有发挥才华的空间。汇源公司成了“朱家”上演独角戏的舞台，职业经理人都是“跑龙套的”。可见，汇源公司招聘人才的口号，已经失去了实质的作用，自然也遭到职业经理人的抛弃。

专家点拨

如果家族企业能够在人力资源与劳动薪酬之间保持适当的平衡点，能够在家族式管理与现代企业制度之间找到切合点，能够在任用家族成员与引进职业经理人方面做到合理的结合，家族企业的管理水平就会有大幅度的提升。

2. 苛刻的制度和超负荷的工作压力，迫使员工跳槽

有些家族企业为了降低生产和人力成本，增加企业的利润，制定了严格的、近乎苛刻的工作制度。在很多制造型家族企业，员工的工作时间普遍超过12小时，又没有加班费等补偿措施。员工的承受能力是有限的，不堪重负时自然跟企业说“再见”。

案例

超负荷劳动迫使员工离职

柏明顿公司在东莞有一家客户，是一家生产食品的家族企业。我们的顾问师在深入这家公司进行诊断时，发现该公司存在超时或超强度劳动问题。由于工人的报酬是按计件计算，很多工人在生存压力下，不得不“被加班”。

而一些技术和管理岗位的员工加班，则常常是象征性地发一点加班工资或不发加班工资。有些掌握关键技术的管理人员，常常需要24小时开着手机，随叫随到。毫无疑问，员工的劳动强度远比国有企事业单位大。即便在经济上有一定补偿，长此以往，很多员工也难以承受，因此每天都有员工提交辞职信。

3. 无处不在的“处罚”制度，员工“惹不起但躲得起”

有些家族企业往往是靠“处罚”迫使员工努力工作，或是不敢偷懒怠工。虽然这种方法在一定程度上起到监管的作用，但大多缺乏人性化和科学性。这种严格的处罚制度，往往逼迫员工选择跳槽。

案例

不要轻易挥起处罚“大刀”

有一个知名陶瓷公司，也是家族企业，因为企业管理上出现严重问题，主动找到柏明顿公司寻求解决之道。我们的顾问师进驻之后发现，发现该公司把处罚制度摆在很重要的位置，企图通过处罚来提高公司的管理水平。

该公司的处罚制度涉及工作任务的数量、质量、厂纪、损失、行为规范等方面，处罚比奖励多得多。比如，《员工规章制度》规定，技术员工必须工作满6个月，否则扣除工资。另外，迟到、旷工、打架等违规行为，一律罚款300元。类似的规定写满了整整一张纸，下面还签有员工和车间组长的名字。

大部分应聘进来的员工，因为对这些处罚规定不太了解，所以犯了很多错误，工资常常被扣去一大半。这家公司的人力资源部一直不停地招人，也不停地有员工离职，原因是员工都无法容忍这种苛刻的处罚制度。

三、外部因素对员工具有潜移默化的影响

求职高峰期选择机会多，员工期望找到待遇更好的工作。“金九银十”、春节后的两三个月，一般是企业员工跳槽和求职的高峰期，也是求职者重新定位自己的黄金时段。因为这些时候，很多企业都会流失一些人才，于是都大量补充人员，人才需求量较大，求职者在此时也更容易找到满意的工作。

大量的求职机会，使家族企业中的优秀员工勇敢地选择跳槽。如果有更好的企业抛来橄榄枝，员工就会优中选优。很多企业，为了使自己在崭新的一年中有更好的发展，在员工跳槽的高峰期就着手挖同行或其他企业的墙脚，而一旦有更好的企业抛来橄榄枝，员工就会无所顾忌地选择跳槽。

想方设法留住优秀员工

一、招聘时就要未雨绸缪

1. 严格审核应聘者的求职动机和职业道德

家族企业的人力资源部在招聘员工时会发现，许多应聘者的简历中，都有短时期内频繁跳槽的经历，而询问跳槽的原因时，应聘者都有五花八门的理由。员工频繁跳槽，除了难以对企业建立忠诚外，更说明应聘者缺乏职业

生涯的规划。当企业提供的待遇或工作条件不符合他们的要求时，他们都可能毫不犹豫地离职。因此对于跳槽频繁的应聘者，必须加大审核力度，谨慎录用。

2. 制定合理的用人标准，避免盲目录用

家族企业在招聘新员工时，一定要结合企业的发展需要和实际情况，但不可随意提高用人标准，因为企业招聘时只会给予这些岗位相应的待遇和级别，而新员工进入企业后，如果发现实际情况与当初想象的相差甚远，就会有上当受骗的感觉，结果就是愤然离去。

案例

被忽悠来的“经理”

柏明顿公司在广州有家客户，这家公司在报纸上发布了招聘区域经理的广告，不多久，前来应聘的人很多。最后，有位刘先生顺利应聘成功。

这位刘先生一上任，却发现所谓的区域经理就是自己管自己，并没有下属，问了企业老总后，得到的答复是：“我们公司的区域经理就是这样啊!”刘先生这才明白其实企业招聘的只是业务员，而不是真正招聘区域经理，于是一怒之下向企业提交了辞职书。

3. 不可轻易承诺，更不能欺骗求职者

一些企业为了招揽优秀的人才，对表现好的员工，总是会当面许下一些承诺，比如给员工加薪，提拔表现优秀的员工当经理，给予优秀员工一定的股权激励，等等，但这些承诺很少兑现。于是员工会认为领导言而无信，只会忽悠人，因此不会再轻易相信领导。家族企业原本是想招来人才，实际上却为人才的流失埋下隐患。

有些家族企业所处的行业有着明显的淡季和旺季，为了节省人力成本，许多企业的做法是旺季时大量招兵买马，到了淡季就不顾法律法规大量地裁员，认为反正现在大学毕业生多得是，等到需要用人的时候不愁招不到人。企业这样的做法确实能节省人力成本，但是员工一旦识破企业的真实意图，会导致核心员工也选择跳槽，因为他们觉得不定哪一天裁员时可能就会轮到他们，这样企业只会是搬起石头砸自己的脚。

案例

聪明反被聪明误

有个从事食品生产的家族企业为了扩大规模，快速建立网络提升销量，就从另外一家企业挖了一大批营销人员。

当这些营销人才到了企业后，果然不负众望，迅速完成了销售目标。但是到了淡季时，老板算了一笔账，如果再养这么多人，可能就赚不到钱了，于是老板就让大家放假，等到旺季时再来上班。

这位老板自以为自己做得很聪明，谁知却搬起石头砸了自己的脚。这批业务人员迅速办理了辞职手续，就在老板暗暗高兴之余，意想不到的事情却发生了，不仅这批业务人员离开了，企业中的老员工害怕将来老板给自己也来这么一手，于是也开始离开企业。更糟的是，这些业务人员离开企业后，很快便加入竞争对手的企业，许多经销商客户也随着跳槽的业务人员开始倒戈。

4. 帮助员工做好职业生涯规划

家族企业的员工对发展前途往往感到非常迷茫，没有自己的职业生涯规划，于是就会觉得其他公司会有更好的发展空间，从而在内心里萌生跳槽的想法。

要想留住这些人才，家族企业要帮助员工做好职业生涯规划，使员工认识到自身优势在哪里，企业能提供什么样的发展空间，个人该如何通过努力实现自己的人生抱负，然后结合员工特点，通过一定的途径培养员工，使其明确自身的定位和努力的方向。

二、企业要为员工创造认同的价值

对于如何防止员工跳槽这一棘手问题，不同的家族企业所采取的措施可能不尽相同，但是管理者必须遵守这样一个准则：为员工不断创造他们所认同的价值。

一个员工之所以心甘情愿为企业效力，是因为他能在这个企业里获得他所需要的价值。不管是获得丰厚的报酬，还是找到成就感，员工能够在一个岗位工作，必定是在工作中实现了个人的价值。

专家点拨

家族企业必须让员工感受到自身的价值，并且得到企业的认可，否则，企业创造的利润再大，得不到员工在价值观上的认同，或者员工根本不屑一顾，员工跳槽还是不可避免的。

案例

员工所认同的价值是什么

三国时期，曹操为了留住关羽为他所用，于是三日一小宴，五日一大宴，奉送美女、金银和绫缎，还封关羽为汉寿亭侯。曹操的这些努力，关羽对之毫不动心，“身在曹营心在汉”，当最后打听到刘备的消息时，毅然挂印封金，毫不犹豫地千里走单骑，投奔了正落魄潦倒的刘备。为什么呢？因为关羽并不认同曹操为他创造的价值，在关羽的价值观里，只是要追随着“大哥”刘备打天下，并不看重曹操奉送的金钱和职权。

1. 为人才提供能够胜任的工作

对家族企业而言，合适的人才才是最优秀的人才。如果一个员工富有才能，技术熟练，从事的工作却没有一点技术含量，员工可能就会主动或被动地离开这个岗位。对员工而言，最吸引他的，是这个岗位能够提供让他满意的薪酬，也能让他开心地工作。因此，人才得到适合其发挥才干的岗位，企业也得到创造业绩的人才，这是留人的基础。

2. 营造良好的工作氛围

很多员工希望在一个公正和谐、团结进取的团队里工作。所以，家族企业应该极力营造良好的工作氛围，有了这样的氛围，团队才会有凝聚力。

案例

令人压抑的工作氛围

王先生被一个家族企业高薪聘为销售部门经理。上岗之初，他到公司各个部门熟悉情况，感觉良好，认为自己找到了理想的单位。没想到，正式到岗一个月后，他便炒了这家公司。询问原因，他说公司工作氛围太差：说话要轻声细语，不能过大；打电话更要压低嗓音，不能打扰别人，员工之间气氛紧张。只要走进办公室，就有一种莫名其妙的精神压抑感。他说，这种环境太压抑，就算给他再高的收入也不能待下去了。

专家点拨 >>

员工只有在心情舒畅、热情高涨的情况下，才能有较好的工作状态，而这高昂的情绪是建立在宽松的环境之上。有些家族企业无法给员工提供一个宽松、舒适的环境，使得不少员工精神压抑，员工在长久压抑下，跳槽是必然的选择。

<<

3. 企业家要转变管理风格

家族企业管理水平的高低，将决定着公司的发展程度。同样，企业家的人格魅力及管理风格，也在很大程度上影响着员工的积极性和稳定性。一些家族企业领导认为自己无所不能，当做出的一些决策失误后，顾及自己的威望，往往将责任推给属下的员工承担，更不要说为员工承担责任了。这样做的后果是，员工表面上会忍气吞声，但永远失去了对领导的尊重和信任。

案例

窒息的环境逼迫员工跳槽

有个大学生刚毕业，在一个家族企业谋到总监助理一职，应当满意了。但是他却不以为然地说："我正打算骑驴找马，一有好的机会，我就会跳槽了。"他的理由是，很怕见到老板。他满脸郁闷地说，老板总是一副冷冰冰的面孔，好像借他钱不还的样子。老板见到员工不是问"怎么，你又没事做了"，就是问"最近你都在干些什么"，感到老板十分不信任员工，时刻都在监督员工，在老板的意识里，他给你工资，他爱怎么指挥你就怎么指挥你。同事之间都沉默寡言，个个都是高深莫测，无法交流，环境令人感到窒息。

专家点拨

家族企业都想培养忠诚于企业的人才，但一些管理制度往往无法让人接受。企业家的言行也影响着员工的行为。企业家要让员工的优势和潜能得到最大限度的释放，而不是抑制。当员工的创造性受到局限失去应有的创新空间时，其能力和潜力将难以得到发挥。

4. 提供有竞争力的薪酬，让人才具有公平感

如果公司的薪酬福利没有竞争力，就会导致有能力的员工跳到其他公司。家族企业的薪酬体系，要做到内部公平的同时，对外也有竞争力。内部公平，能让企业内部矛盾减少，员工更加团结奋进。同时，与同行业相比，又能提供富有竞争力的薪酬待遇，这也是留住核心人才的基础。

案例

松下公司善于激励优秀员工

松下公司很重视对管理人员的激励，每季度都要召集一次部门经理会议，通过这个会议了解彼此的经营成果。开会前，按照各部门的业绩分数从高到低划分为A、B、C、D四级，然后按照从高到低的顺序进行发言。这种做法激起了部门经理的好胜心，因为谁也不愿意落在别人的后面。

松下公司也重视对员工的奖励。各部门可以从所完成的利润中提出40%自行支配，作为本部门员工的福利、更换或扩充设备等。因此，各部门为了获得更多留存的利润，都在努力创造利润，为了各自利益而拼命地工作。

松下公司还实行员工工资增倍计划，保证35岁以上的员工有自己的住房。这极大地激发了全体员工的工作积极性。员工加倍努力以获得丰厚的物质回报，而松下公司则发展成为日本最大的电器公司。

专家点拨

福利待遇是促使员工留下来的法宝。家族企业应做到既要马儿跑，又要给马吃草。总想让员工拼命干活，却又不想付出合理待遇，恐怕是难以实现的。

企业为了留住优秀员工，每年可以通过考核，对中高级管理人员和核心员工进行股权激励。员工拥有企业的股份，就会把自己的命运与企业的命运紧密联系在一起，从而不遗余力地为企业出力，不仅人员流失减少，也使企业的发展速度和盈利能力远超其他企业。

5. 给员工提供晋升的空间，鼓励员工内部跳槽

员工在企业中有了较大的发展空间，才会更加努力地工作。看不到希望，看不到前景的家族企业，怎么能让员工安心留在公司工作？所以，家族企业要给员工提供施展才华的舞台和晋升的空间。同时，家族企业必须避免只任

用家族成员，而打压外来人才的积极性。企业可以建立起一套竞争机制，鼓励外来员工通过正当竞争上岗，在每一个部门和团队里营造竞争氛围。

如果企业里有足够的更高层次的职位，可以鼓励员工参与竞争，让他们发现自己的优势和才干，并鼓励他们内部跳槽，找到最适合自己的职位。假如大部分员工都能找到他们最喜欢做的事情，那么留住人才并非难事。

内部跳槽制度是在企业内部建立的员工合理流动的新型人事制度。该制度的优势在于：企业主动给员工提供施展才能的机会，能够很好地调动员工的工作积极性和发掘优秀的人才；企业与员工双向交流，增进了相互的了解，有利于人力资源得到优化配置，有利于企业及时发现管理上出现的问题，便于及时采取措施进行补救。

案例

索尼公司鼓励员工内部跳槽

有一天晚上，日本索尼公司董事长盛田昭夫走进餐厅与员工一起就餐（他多年来一直保持着与员工共进晚餐的习惯）。他发现一个年轻员工满脸忧郁，只顾埋头吃饭。于是，盛田昭夫就主动坐在这个员工对面，与他攀谈起来。这个员工喝了几杯酒，终于开口说话了："我从东京大学毕业后，就应聘进入索尼公司，当然，我之前对索尼公司十分崇拜。但是，现在发现，我不是在为索尼工作，而是为课长干活。更可悲的是，我自己的一些小发明与改进，课长不仅不支持，还挖苦我是在做白日梦。对我来说，这名课长就是索尼。我现在心情很差，对未来不抱什么指望了。这就是我心目中的索尼吗？我真愚蠢，竟然进入这样的公司！"

这位员工的肺腑之言，让盛田昭夫大为震动，于是，一项新的人事制度在索尼诞生了。公司每周出版一次内部小报，刊登各事业部、研究所、生产车间等用人部门的"招聘广告"，员工可以自由而秘密地前去应聘，他们的上司也没有权力进行阻止。另外，索尼原则上每隔两年就让员工调换一次工作，让员工找到自己的爱好，更好地施展才能。内部跳槽制度实施以后，每年有近200人“跳槽”到更感兴趣、更能发挥自己特长和创造力的工作岗位上。

专家点拨

企业的内部跳槽制度，可以让员工发挥自己的长处，找到自己的兴趣所在。这能防止员工因为对工作不感兴趣而跳槽，不失为防止“肥水外流”的有效举措。同时，这种制度能将员工培养成为复合型人才，人事管理部门又可以从“内部跳槽”透露的信息中发现存在的问题。

6. 重视精神激励，用感情留人

家族企业不仅要重视物质激励，精神奖励也至关重要，合适的精神激励，能够让员工对企业具有认同感、归属感，也能感受个人尊严。每个人都渴求名望和获得尊严，这就要求家族企业必须营造尊重人才的文化氛围。名望和尊重不应只属于公司的管理层，在每个职位上的普通员工，都应该享有该得到的尊重。不论是默默无闻的文员，还是业绩出色的销售人员，只要做出了业绩都应该得到表扬和奖励。有时候，一束鲜花，一封表扬信，都可以让员工感到温暖和尊重。

精神激励的方法有很多，掌声是有力的激励方式之一。公司应定期或不定期地对表现优异的员工给予公开的奖励。赞美也能激励员工，领导者应该尽可能地给下属恰如其分的赞美，这比多发一点奖金更有效。要尽量给下属表现的机会，要让下属多抛头露面，如开会时让每人讲几句话，管理者讲话时，多引用下属的意见、观点，这也会起到意想不到的激励效果。

家族企业适当地对员工进行感情投入，往往会收到事半功倍的效果。比如员工家里出现困难时，企业可以给予一定的援助；老板和企业高层主动找员工谈心沟通，会让员工有受到重视的感觉；员工结婚时，老板亲自到场祝贺……这些都会让员工感激涕零，企业实际上并没有多付出什么，而收获的往往是员工的忠诚。

案例

感情留人妙招

柏明顿在深圳有家客户，这家企业在感情留人方面很是人性化。

尽管企业常常面临一些危机，有时候工资发放都会拖延一段时间，但是员工的流失率却很低，员工大都愿意与企业同舟共济，很少因为企业效益不好而选择跳槽。

这家公司每到春节的时候，都会以公司的名义给员工的家里寄去一封信，内容除了祝贺新春之外，就是感谢员工长辈对员工的培养和家属对员工工作的支持。如果员工要辞职，首先家里人就会极力劝阻。员工感受到企业对自己的重视，自然会对公司“死心塌地”地工作了。

7. 注重员工忠诚度和职业精神的培育

家族企业要得到持续的发展，企业内部必须要稳定，员工要对企业忠心耿耿。然而，家族企业的人才流动越来越频繁，很多家族企业难以建立一支忠诚的团队。因此，员工忠诚度和敬业精神的培育，成为家族企业人力资源部门的核心工作。

案例

员工为何从忠诚走向背叛

柏明顿公司与佛山一家电子企业有合作关系。这家电子企业很重视员工的技能培训，几年下来便拥有一批得力的生产骨干，一时间订单不断，利润大增。老板欣喜若狂，对这批骨干宠爱有加，频频加薪宴请，嘘寒问暖，劳资双方的关系处理得十分好。老板颇为得意：一手抓金钱，一手抓酒瓶，还怕你们不卖命？

然而好景不长，有个生产部经理本是老实人，但几年下来满脑子只有钞票美酒，本分的他逐渐变得自私贪婪，一次和老板酒酣耳热之际竟萌生了歪念：我有一批骨干，老板没我不行，何不敲他一笔钱呢？开始时他只是含蓄地表明加薪要求，果然得手；继而便公开要求，得寸进尺，私欲一发不可收拾，稍不如意便带头怠工，再以集体跳槽相威胁，最后竟然在外商验货时做了手脚，使企业蒙受了惨重损失。

面对这种状况，老板怒不可遏，把这批技工团队全部炒掉，企业元气也因此大伤。遭此重创，老板心中阴影难消，再招技工时也谨慎了很多。

柏明顿公司的顾问师调查了解情况后，给这家公司如下解决方案：

- 做好员工的品德培训和心理辅导，提高员工的情商。同时老板要有远大目标、宽大胸怀和博大爱心。
- 企业应开展员工素质教育，有条件的应系统授课。坚持以情动人、以理服人、营造良好的企业人文环境。
- 把教育培训与待遇、管理、奖惩、升降和为员工排忧解难等糅合起来，形成系统工程。当企业把“雇佣兵”训练成“子弟兵”，当效率和效益这两张王牌成为企业的核心竞争力时，企业会觉得：别无他途，再难也值！

专家点拨

员工技术良好，但是素质不高，会做事但不会做人，这类问题在家族企业当中并不少见。其中一个重要原因是，很多企业的培训理念有缺陷，没有把做事和做人统一起来。当企业竞争拼到员工素质这个层面时，人的决定作用将凸现出来。

忠诚需要企业和员工的共同努力，企业要不断改进不足，员工也尽自己的努力，帮助企业渡过难关。只有齐心协力，才有稳固的忠诚可言。

8. 通过法律手段，控制员工流失

家族企业要进行规范的运营，与员工签订劳动合同，通过合同对双方形成

有机约束，从而降低员工的流失，既维护公司的利益，也维护员工的劳动权益。

案例

订立合同保护公司权益

柏明顿在江门有家客户，这家公司招聘了一名生产技术副经理。这个副经理麦先生入职后，公司与他签订了一份4年期的劳动合同。由于麦先生任职于该公司重要部门，工作中会知悉公司的很多商业秘密，因此公司与麦先生约定：麦先生在劳动合同期满2年内，不得参与同行业的商业竞争或服务于相类似的其他竞争企业，否则给公司造成的一切损失由其承担。

可是一年以后，麦先生称家中有事需向公司请假3天，此后一去不返。后公司得知麦先生跳槽到与本公司存在竞争关系的另一公司上班，并从事相同的工作。公司多次发函让其回公司上班，都没有回音。因麦先生离开公司时未进行工作交接，导致麦先生在原公司负责的某一业务因为不能按期交货，被客户索赔经济损失8万元。为此，该公司向劳动争议仲裁委员会申请仲裁，要求麦先生继续履行双方的劳动合同，并赔偿给公司造成的经济损失8万元。

家族企业还需要让员工正确认识企业的保密规则，知道如何对待客户、面对竞争对手、保守商业机密等，可以制定《商业道德准则》，对员工的行为规范进行具体、明确的规定。

家族企业在员工入职后，应将公司对员工的要求（如保密协议、竞业禁止协议、员工守则、商业道德准则等），以协议的形式签订下来。然后，公司可以通过培训、宣传，让新员工正确理解公司的保密规则。

9. 对于核心员工流失，建立一套预警机制

家族企业里个别核心员工选择跳槽，是正常的人才流动。但是一旦出现大量核心员工流失，则会给企业带来毁灭性的打击。这就需要企业的人力资源部门设立员工流失预警机制，设定员工流失的安全系数，做到有备无患。企业一旦发现员工流失超过安全系数，要马上做出判断，通报企业高层以采

取应对之策。只有建立一套核心人才流失的预警机制，才能做到有备无患。

10. 热心对待离职员工

（1）尽量挽留离职员工

如果在准备跳槽的员工中，有值得挽留的人才，管理者千万要加强对他的挽留和激励，一般来说，赶在员工做出辞职决定前，进行积极的挽留比较有效。如果员工在公司的任何一项需求都得不到满足，而且公司也没有做出改变或者承诺，就不要再和员工谈忠诚的问题，因为员工在公司得不到任何需求的满足，跳槽是早晚的事情。

（2）不要仇视离职员工

很多家族企业，对离职后的员工采取冷漠或敌视态度。员工在职时，总监督员工是否偷懒，恨不得员工多做点事；而一旦员工提出离职，就摆出一副冷冰冰的面孔，当仇人似的对员工严加防范，生怕员工将公司重要资料带走，还请其他员工对其进行监视。其他在职员工看在眼里，心里会想着将来离职时，是不是也会受到这样的“待遇”，一旦有机会，也会尽早选择离开。

很多员工跳槽后，三个月内是痛苦彷徨期，因此摩托罗拉公司规定，离职员工在三个月内重新回到摩托罗拉，公司将承认其离职前的工龄。知名企业尚且能够做到这样，因此家族企业不应该在员工离职之后，就与离职员工形同陌路，而应该通过员工情感管理，继续与员工保持适度的联络，不能让离职员工感到人走茶凉。

家族企业要把离职员工也当成一笔财富、一种没有开发出来的资源。实际上，离职员工是公司的一种财富，是公司的潜在资源，如果利用得好，将会对公司的声誉产生很好的作用。比如他对公司的口头宣传，胜过公司自己所做的宣传。

（3）欢迎吃回头草的好马

很多人都说“好马不吃回头草”，但是，在知识经济时代，谁拥有最多最强的人才，谁就是市场竞争的赢家。所以，好马不吃回头草的时代已经过去了。如果该员工离职以后，获得很大的发展，或者能力得到很大的提升，以后重新返聘回来，可以称得上是一笔可观的人力资源财富。

案例

麦肯锡公司重视离职员工的价值

麦肯锡公司投入巨资进行雇员离职后的管理，是人力资源管理上可供参考的鲜活案例。

麦肯锡公司把离职员工的联系方式、个人基本情况以及职业生涯的变动情况输入前雇员关系数据库，建立一个名为“麦肯锡校友录”的花名册。他们把员工离职称为“毕业离校”，现在这些离职人员中有很多都是上市公司CEO、华尔街投资专家、教授和政府官员，至今都与麦肯锡公司保持良好关系。即使这些离职人员永远不会再回到麦肯锡公司工作，但是这些身处各个领域的社会精英们，随时都有可能给麦肯锡公司带来无限商机。

对家族企业而言，返聘员工，是应对离职高峰的计策，是企业人力资源管理应该重视的一个策略。离职员工重新回到公司，可以避免重新招人的人力成本。他们重返公司，还会产生连锁反应，对在职员工心理上产生震撼，也必定能够影响到更多员工的归属感和认同感，在职员工也不会再轻易跳槽。

专家点拨 >>

家族企业的核心员工离职之后，其工作方式和成就会留在企业，公司稍微花费一点精力与离职员工保持沟通，既给予了离职员工情感上的关注，又为该离职员工未来为企业创造商机或者返回企业奠定基础。调查显示：“500强”企业通过积极返聘前任员工，每家企业每年能节约1200万美元的成本。

<<

集体跳槽，家族企业的致命之伤

一、集体跳槽是对家族企业的致命打击

集体跳槽事件发生以后，家族企业必须招进新的员工来顶替空缺的位置，而新员工的成本会很高，而且新员工短期内还不能顶替原来员工的位置。资料表明：一个新员工的劳动成本很高，而其工作效率一般只有原来员工的30%~50%，这会对企业的管理和经营产生严重的影响。

最令企业头疼的是，员工集体跳槽后，也会将原来的客户带走，而新员工要开拓新的客户关系，要花很长时间，投入更多的成本。所以，集体跳槽的损失是难以估量的。很多中小型家族企业就是在集体跳槽的打击下倒闭的。

案例

两败俱伤的集体跳槽

集体跳槽已经不是新闻了，前几年有方正集团的助理总裁周险峰，携带30位方正科技PC部门的技术骨干加盟海信；又有TCL手机事业部高层集体跳槽到长虹；还有“小霸王”的高管段永平带走技术团队，创建“步步高”。

集体跳槽已经成为企业管理的致命伤害，不仅严重扰乱了公司的生产经营和日常管理，更严重地破坏了公司的形象和商誉，造成的损害短时间很难弥补。不管是创维还是TCL的手机业务，以及方正PC事业部，在经历了这样的人事振荡后，几年内都难以缓过劲来。

俗话说：“人挪活，树挪死。”但是缺乏忠诚度、带有恶意报复的集体跳槽者，除了得到短暂的薪酬福利，成功者却很少。可以说，集体跳槽不仅打击了原来的企业，更严重损害了跳槽者的信誉，结果往往是两败俱伤。

二、集体跳槽谁之过

在很多高新技术企业，单个员工难以发挥整体的作用，而一个团队能产生巨大的效益。一些精打细算的企业发现：挖走一个团队比挖走一个核心人才，带来的效益更大，可以节省技术培训、研发的费用。所以不少家族企业委托猎头公司，专门挖走整个团队。由于需要团队合作，想要跳槽的员工心里也明白，离开自己的团队，个人的价值会变得很小；而团队的核心人物也明白，自己到了新的公司，单枪匹马很难对付新公司的压力，因此大家也愿意集体跳槽。如果集体跳槽，在谈判中也能抬高自己的身价。

案例

工程师带着团队跳槽

北京一家准备上市的IT企业，招聘到一名软件工程师，本来指望这名工程师起到攻关难题的作用。可是三个月之后，这名工程师通过一家猎头公司私下物色了新“婆家”，而且没想到的是，他竟带着手下5名同事一同投奔了另外一家IT企业，并暗示有更多的人还会跟进。

专家点拨

集体跳槽在IT业表现得最为典型。IT业尚处在扩展阶段，急需大量研发人才，而这些人才需要依靠团队才能发挥作用，因此“集体跳槽”多发生在新兴并迅速发展的行业。

大多数集体跳槽的原因，是员工对家族企业的薪酬分配不满意，或者是别的企业给出更大的诱惑，还有些员工集体跳槽是因为员工和家族企业的文化氛围难以融合。

案例

公司遭遇集体跳槽

某家族企业的总经理最近非常苦闷，手下的几员大将联合起来向他提条件，要他提前支付业务提成，否则就集体跳槽。总经理认为这是违反公司惯例的，就没答应。结果这几个骨干同时把手机关了，公司一下子乱了套，很多业务都受到了影响。总经理在和这些骨干谈判多次失败后发现，要提成只是个幌子，原来已经有公司开了更高的价来“挖”他们，他们准备集体跳槽了。

此外，家族企业老板与员工缺乏实质意义上的沟通，也是造成集体跳槽的原因之一。许多家族企业只是单纯追求效益，忽略企业人力资源的价值。在这种重效益轻人才的企业管理制度下，很难提高员工的忠诚度。

案例

谁迫使员工集体跳槽

柏明顿公司在长沙有一家客户，这家公司就发生过副总裁、总裁助理、营销总监等6个骨干集体跳槽事件。原因是这个企业家族气氛十分浓厚，尽管招来很多职业经理人，但重要的决策权还是掌握在家族成员手中，外来人才很难融入企业，更不用说在公司发挥才能、大展抱负了。这些忍受多时的职业经理人，在接到同行业一家公司的“橄榄枝”后集体跳槽了。

专家点拨

优秀人才更多的是追求个人成就感，而家族企业追求的目标则是盈利，要求经理人在短期内必须创造出效益。于是企业的目标跟职业经理人的成就意愿就会产生矛盾，这种矛盾得不到及时解决，就会导致员工集体跳槽。

三、集体跳槽，如何防患于未然

对于员工的集体跳槽，多数企业老板都感到委屈，深受打击，谴责员工的“狼心狗肺”。实际上，企业应以平和的心态去对待，认真审视自己的企业是否出现了管理上的严重问题，必须从自身查找原因，及时纠正出现的管理漏洞，亡羊补牢，为时不晚。

案例

企业发展了，员工却集体跳槽了

一家与柏明顿合作的灯饰电器公司，一直在快速发展和成长阶段。可是最近发生了一件让这家公司老板震惊和尴尬的事情：几乎是在一夜之间，这家公司近一半的管理和营销人员被竞争对手挖去，而这个竞争对手竟然还是一个刚刚成立不久的新公司。令这位老板感到震惊的是，在他的这个令同行羡慕的企业里，竟然会出现如此众多的员工在同一时间里跳槽的现象；令他尴尬的是，在此之前，自己竟然一无所知，而且找不出任何原因。

据从这家公司跳槽出来的员工反映，在这家公司工作，看到的和感受到的似乎只是公司目标的不断达成，而个人目标的实现、人生事业的规划等，几乎无从谈起，公司的目标只是企业经营者个人的关注，缺乏与员工密切的关联性。目标达到了，员工没有丝毫的成就感；目标达不到，员工也不会产生任何负面的情绪。换句话说，公司的目标不是企业全体员工个人目标的凝聚与整合，而只是企业老板“野心”的不断外化。

专家点拨

职业经理人要有自己理性的职业生涯规划。家族企业老板在企业发展过程中给职业经理人一定的发展空间，才能坚定他们留在企业的信念。

当集体跳槽发生时，人力资源管理者很难采取措施，把集体跳槽的损失降到最低。因为，集体跳槽者在做出跳槽的决定时，显然已经得到新公司的一些待遇承诺。而原公司不可能通过增加薪水、提升职位等来挽留，这样只会形成恶性循环，导致更多的集体跳槽，或以集体跳槽要挟公司加薪。每个企业都有自身的薪酬体系，如果为了挽留跳槽者，就给予高薪、高职务，对其他坚守岗位的员工来说，显然缺乏公平、公正。

家族企业要长期解决这个问题，就要有很好的人才管理机制和流程：

- 建立管理人才储备机制，强化招聘渠道，加快人才梯队的培养力度。
- 建立科学的绩效考核和薪酬激励机制。企业要把绩效考核与薪酬待遇挂钩，让能力强的员工，能够通过出色的表现获得高薪。企业也可以导入股权激励，留住那些核心的人才。
- 帮助中高层管理者做好职业生涯规划。职业经理人集体跳槽对企业危害很大，会给企业的经营管理带来致命冲击。因此有必要帮助中高层管理人员进行职业生涯规划，让他们愿意长期在企业发展并实现自己的价值。
- 尽量避免职业经理人的流失。尊重职业经理人，看到他们的价值所在，随着其价值的提升，企业也要满足其需求的提升，让他们有归属感，充分整合企业资源，创造良好的创业环境，使有强烈创业欲望的职业经理人能够有足够大的舞台，展示其抱负。
- 增加职业经理人集体跳槽的法律障碍。对于带头跳槽的职业经理人，或许他已经做出离职的决定，挽留也起不到有用的效果，但企业要通过沟通，找到职业经理人跳槽的真正原因，以便改进企业的管理方式。对于追随跳槽的员工，可以通过说服工作，使部分人能够留下来。

悦纳和重用职业经理人

雷恩·吉尔在《选对池塘钓大鱼》中说："鱼是游动的，机会也是在变化的，我们必须不断变化位置来寻找大鱼，并且在其饥饿的时候投下鱼饵，将其钓上来。"

家族企业随着规模的扩展，受到家族成员能力的限制，企业需要从外部招聘人才，特别是中层管理人员。任用职业经理人，是家族企业发展的现实选择。

职业经理人进入家族企业后，常常遭遇"适应"的问题。在这些家族企业中，企业老板有思想开明的，也有喜欢集权的，有以人为本的，也有唯我独尊的。有些职业经理人之前在国企或外企工作过，进入家族气氛浓厚的家族企业难以适应，一下子不知从何下手管理。很多职业经理人在茫然之中会萌生去意。遇到了不合适的老板，经理人该如何选择？是作为跳板然后离开，还是继续留下来证明自己？

如何使家族企业与"空降兵"和睦共处、同舟共济，使企业家和职业经理人真诚合作，把家族企业建成现代企业，是对家族企业老板的一个重大考验。

一、"空降兵"总是遭遇"滑铁卢"

家族企业被称为"空降兵"在刀尖上跳舞的地方，很多抱有梦想的职业经理人准备施展才华，开创一番事业，但最后的结果是，家族企业中的"空降兵"有八成因为"水土不服"而"阵亡"。这些"空降兵"除了难以适应新公司的企业文化和管理模式外，更多是被企业中的家族帮派孤立，被敌视、受排挤，最终在职场战争中惨遭"滑铁卢"的悲剧结局。

案例

家族企业留不住“空降兵”

某陶瓷公司的营销总监给柏明顿公司的一位顾问师打来电话说，终于离开这个折磨人的家族企业了。这位总监2010年4月跳槽到这家陶瓷公司，本想创造一份业绩，让周围人对“空降兵”刮目相看。没有想到，加盟企业两个月，不仅工作开展不起来，整个人也被复杂的人际关系折磨得疲惫不堪。

这位顾问师也曾经接到一个企业家的电话，委托顾问师帮忙介绍一个运营副总，顾问师问他：“去年不是才引入一个副总经理吗?”企业家说：“唉！一言难尽啊！那位副总在公司干了半年，就与我的亲戚和老员工闹得很僵，我只能‘挥泪斩马谡’啊!”

家族企业在创业初期，管理经营权高度集中，这样做的好处是决策快，能够很好地抓住发展机遇，也节约了营运成本，对资金实力并不雄厚的中小型家族企业来说，无疑是最佳的选择。因此，在这一发展阶段，对管理能力较强但待遇要求动辄十万、上百万元的企业管理“空降兵”，家族企业往往并不“感冒”，即使勉强请来职业经理人，也会设置很多权力上的障碍，归根结底，家族企业对“空降兵”还是有些排斥。

当家族企业发展到一定的规模时，家族式管理开始暴露出薪酬设计落后、绩效考核效率低、人才流动快等弊端。家族企业为了自身的生存和发展，不得不放下架子，委以高薪招来富有管理经验的“空降兵”，指望通过他们把家族企业的管理引入一个规范、科学的轨道，以获得更大的发展空间。

但“空降兵”与家族企业之间的磨合，是一个十分艰难的过程。其结果往往是“空降兵”与家族企业在艰苦博弈后，总是遭遇“滑铁卢”，最终落得两败俱伤的下场。

二、家族企业与“空降兵”为何水火不容

家族企业在发展的压力下，需要引进精通企业管理的“空降兵”。但是很

多“空降兵”只能风风火火地来，悄悄地离开。家族企业与“空降兵”水火不容的原因何在？

1. 企业家不敢对“空降兵”大胆放权

很多企业家表面上对职业经理人的学历和资历很看重，但对于把家族资产交给职业经理人管理，仍然感到十分不放心，暗地里处处提防，总担心职业经理人暗地里做损害公司利益的事。企业家对职业经理人往往不敢充分授权，即使授权也是十分有限的。有的企业可能给予职业经理人决策权，但就是不放财务权和人事任免权，不管多小的事，不管审批多少钱，都需要老板亲笔签批。职业经理人没有任何财务支配权，没有录用人员和辞退人员的权力，俨然是光杆司令，顶多就是一个出谋划策的顾问。因而家族企业不可能彻底地实行所有权和经营权两权分离，这样做很容易产生信任危机。

案例

面对裙带关系，如何提建议

袁小姐是某大学人力资源管理专业的应届毕业生。经过将近一个月的简历投递和面试，在权衡了多种因素的情况下，袁小姐最终选定了一家生产食品添加剂的企业。她之所以选择这家公司是因为该公司规模适中，发展速度很快，最重要的是该公司的人力资源管理工作还处于尝试阶段，如果加入该公司，她将是人力资源部的第一人，因此她认为自己施展能力的空间很大。

但是到公司实习一个星期后，袁小姐就陷入了困境中。原来该公司是一个典型的小型家族企业，企业的关键职位基本上都由老板的亲属担任，其中充满了各种裙带关系。尤其是老板给袁小姐安排了他的大儿子做她的临时上级，而这个人主要负责公司研发工作，根本没有管理理念，更不用说人力资源管理理念，在他的眼里，只有技术最重要，公司只要能赚钱，其他的一切都无所谓。但是袁小姐认为越是这样就越有自己发挥能力的空间，因此在到公司的第五天，袁小姐拿着自己的建议书走向了直接上级的办公室。

袁小姐心直口快地说："经理，对于一个企业，尤其是处于上升阶段的企业来说，要保持企业的发展必须在管理上狠下工夫。我来公司已经快一个星期了，据我目前的了解，我认为公司主要的问题在于职责界定不清；员工的自主权力太小，致使员工觉得公司对他们缺乏信任；员工薪酬结构和水平的制定随意性较强，缺乏科学合理的基础，因此薪酬的公平性和激励性都较低。"袁小姐按照自己事先所列的提纲开始逐条向经理叙述。

这位经理微微皱了一下眉头说："你说的这些问题我们公司也确实存在，但是你必须承认一个事实——我们公司在盈利，这就说明公司目前实行的体制有它的合理性。"

袁小姐真切地感受到了不被认可的失落。于是，袁小姐陷入了困惑之中，她不知道自己是应该继续和上级沟通，还是干脆放弃这份工作，另找一个发展空间。

2. 企业元老妒忌贤能，排斥"空降兵"

在人情关系上，相比职业经理人，企业家对于与自己患难与共的老员工，会更加信任和依赖。有些企业家甚至讲哥们义气，往往安排不懂管理的老员工担任重要职位。如果职业经理人批评或处罚企业元老，企业家也会表示不满。当这些企业元老与"空降"的职业经理人发生矛盾时，家族企业往往选择拿职业经理人"开刀"。

由于企业元老强烈排斥"空降兵"，担心外来人才与他们分享管理权力，而且家族企业的人力资源管理制度并不规范，职业经理人要想与这些企业元老分庭抗礼，难度可想而知。这些"空降兵"满腹才华难以发挥，管理权威还常受到企业元老的挑衅，在饱受屈辱之下，自尊心强烈的职业经理人要么选择跳槽，另择高枝；要么容忍下去，当然，已经没有当初的工作激情了。

3. 家族企业急功近利，"空降兵"负荷太重

管理"空降兵"之所以难以融入家族企业中，还有一个重要根源在于实行家族企业对于"空降兵"期望过高。很多家族企业用高薪招来"空降兵"，

肯定是遇到了单靠老板难以解决的问题。所以职业经理人一进入公司，家族企业就对其抱有很大的希望，指望职业经理人能解决所有难题，甚至让企业进入世界500强之列。

家族企业老板富有雄心壮志，但表现得过于急功近利，使还没有来得及适应环境的职业经理人压力很大，如履薄冰，业绩稍微差了一点，就会引来别人质疑的目光。

家族企业对职业经理人的期望很大，但给职业经理人表现自身才能、对公司整体运营进行改进的时间又少得可怜。如果职业经理人短时间内没有创造出老板所希望的业绩，或者力挽狂澜帮助家族企业解决那些“硬骨头”，那么他们将很难保住自己的位置，只能卷起铺盖走人。

4.“空降兵”自身素质不强，导致磨合失败

家族企业聘请管理“空降兵”，给予相当于普通员工几倍、甚至几十倍的年薪和一定的管理权力。很多“空降兵”都是“新官上任三把火”，却没有仔细分析公司现状，没有正确处理家族企业复杂的人际关系，以及积累的一系列管理难题，往往成为企业内部权力斗争的牺牲者。

一些“空降兵”为了尽快展现自身才能，发现落后的管理制度时，没有经过调查研究，就搬来外企或国企的那一套制度，进行大刀阔斧的企业管理制度改革，根本就不考虑是否能得到支持。“空降兵”没有具体分析家族企业的困境在哪里，却盲目地信赖以往的工作经验，习惯性地套用外企的各种套路，结果是驴唇不对马嘴，出台的管理制度和决策，普遍遭到企业元老们的集体抵制，“空降兵”在企业中也寸步难行。

三、家族企业与“空降兵”如何同舟共济

职业经理人和企业家之间要形成一种相互依赖的关系，企业家为职业经理人提供实现自身价值的平台，同时职业经理人也要为企业家实现发展的目标。从获取利益的角度讲，企业家与职业经理人就是一个密不可分的团队。

无论是老板还是职业经理人都应拿出合作的诚意，时常换位思考，求同存异，才能实现双方理想。在家族企业，职业经理人应该主动去融合，而企业家也要为经理人提供广阔的空间，吸引人才、留住人才。

1．革新管理制度，使外聘“空降兵”常规化

当家族企业发展到一定程度时，原有的那套选人、用人、留人方式已经适应不了发展需要，所以，必须建立规范的人力资源管理制度。在用人机制上，既要注重内部培训，培养自己的优秀人才；同时，也要积极引入优秀的职业经理人，将内训和外聘相结合，使人力资源成为企业发展最强大的臂膀。家族企业要敞开吸纳人才的大门，实现规范、科学的人力资源管理，使外聘职业经理人有章可循。

2．严格测评、选择合适的职业经理人

把家族企业的经营管理权下放给职业经理人，相信很多企业家是比较谨慎的。这个过渡过程是个高风险的过程，家族企业要走出这一步，就要采取适当的措施，规避可能出现的风险。

一个优秀的职业经理人，将会把家族企业带入一个良好的发展轨道，导入很多先进的管理理念，树立起崭新的企业形象。相反，一个并不合格的职业经理人，对家族企业来说，可能是灾难性的。所以，家族企业选择职业经理人，必须要十分谨慎，做到宁缺毋滥。必要时可以委托猎头公司、咨询公司参与，对拟聘的职业经理人的专业技能、职业道德进行严格测评，判断老板的价值取向与职业经理的经营理念是否吻合。

案例

“空降兵”水土不服

某饮料公司是一个家族企业，度过艰难的创业初期后，企业渐渐发展，并在全国各大城市拓展了市场。

可是公司里的家族成员因为经验和能力不够，很难掌控更大的市场。于是，该公司老板痛下决心，请来一个职业经理人，这位曾经在知名公司担任销售经理的“空降兵”，一来到这个家族企业，就被寄予厚望，被任命为营销总监。

这位销售总监没有根据家族企业的实际情况，盲目地把外企的一套东西全部照搬过来，最后，致使企业的营销活动一败涂地，企业只能请“空降兵”离开了。

专家点拨

很多家族企业花费很多金钱和精力去引进一个“空降兵”，最后却没有使职业经理人的才能得到最大限度的发挥，实在是可惜。另外，引进“空降兵”也要谨慎，一个不合格的“空降兵”，也许会给企业带来难以预料的后果。

3. 清晰界定老板与职业经理人的权责分工

有些家族企业虽然引入了职业经理人，但担心职业经理人威胁到自身利益，同时也对职业经理人不信任，以至于在管理权限上对职业经理人卡得很死，职业经理人要想突围，做出一番业绩，没有一定的权力，难度可想而知。

引进和任用职业经理人，难免会对原有的家族式管理制度产生冲击。这个时候企业家就要调整心态，不能因害怕管理大权旁落、家族最终失去控制权等而“扼杀”职业经理人的经营权。有一些家族企业在引进职业经理人后患得患失，甚至为了防患于未然，处处钳制职业经理人的权力，导致企业的管理进退两难，使企业失去凝聚力，职业经理人的才能也得不到充分发挥。家族企业既然下决心聘用职业经理人，就得适当下放权力，让职业经理人有自由发挥能力的空间。

专家点拨

用人不疑，疑人不用。家族企业老板既然决定聘用职业经理人，就要适当给予职业经理人施展才能的条件和权限。如果职业经理人手里没有一定的决定权，将会影响他们的积极性和稳定性。

家族企业的发展方向、总体发展战略仍然由老板来确定，职业经理人的职责主要是实施、执行董事会的经营战略。大家做好职责分工，互不干预彼此的管理权限，尤其是企业老板要对职业经理人充分信任，不要轻易干预职业经理人的日常经营管理权，让职业经理人能够在人性化的环境中施展才能，树立起新的管理者权威。

专家点拨

在这种情况下，家族企业最好实行企业产权与经营权适度分离的管理模式，既保证产权所有者是真正的监督者，又保证职业经理人足够的经营管理权。为保证产权所有者对企业有效的控制，在产权分配上要保证一股独大，即公司要有一个大股东。

4. 给职业经理人了解和适应企业的时间

一个职业经理人进入一个家族企业，说明双方彼此信任和认可。所以，家族企业的老板不能说一套做一套，要给职业经理人一定的时间，让他充分了解、熟悉公司的经营情况。不要指望职业经理人走马上任就能帮助企业进行大刀阔斧的改革，取得良好的业绩，迅速转变成为一个现代化的企业，要知道，家族企业向现代企业转变是一个漫长的过程。

案例

“空降兵”与家族企业的观念分歧

柏明顿公司在深圳有一家客户。这是一个发展势头很强的家族企业，为了更快进军国际市场，就从一家知名外企挖来十几名骨干员工，“空降”到公司的各个部门担任经理人。但是这家公司很快发现，这十几名深受外企文化熏陶的员工，很难融合到公司的企业文化中。

在外企“长大”的“空降兵”受到的熏陶是“用花钱的方式来赚钱”，他们需要大手笔的研发投入和品牌打造，而这个家族企业的企业文化是“用省钱的方式来赚钱”。于是，在这家企业里，常常有一些争论。比如一群人出差，会为坐头等舱还是公务舱争论，要为住五星级还是三星级宾馆而争论。试想一下，对这些都要争论不休，这样的团队能搞得好吗？最后，这十几名精通企业管理的“空降兵”几乎全军覆没。

（1）使“空降兵”明确企业的工作要求

家族企业遇到了管理难题，才引入“空降兵”。但职业经理人并非无所不通、无所不能的人。职业经理人有他擅长的一面，也有自身的能力缺陷。家族企业与职业经理人坦率交流，企业把具体的目标和任务、面临的现状和困境向职业经理人阐述清楚，使双方信息对称，职业经理人才能够根据自身条件，适当取舍。

（2）给“空降兵”一定的适应时间

企业面临的很多问题，都是长期累积的结果，解决起来难以立马见效。这就要求家族企业要给以“空降兵”一定的时间适应环境和实施计策。在这个过程中，企业老板应尽可能给予职业经理人支持，保持沟通。

案例

“人才”还是“奴才”

笔者曾经和一位企业家聊过，这位企业家渴望人才却又无法留住人才，一年换几个职业经理人，也不见管理好转，业绩上涨，反而越搞越麻烦。他很纳闷地说：“为什么这些经理人在来的时候满怀信心地给你保证，最后却又悄悄地离去?”

很多企业家受到“只要结果，不看过程”的理念影响，认为职业经理人来了，交给他去做就好了，但这做的过程如何艰辛，有什么困难，却是很多企业家没有足够关心到的。职业经理人需要时间去适应新的企业组织，去处理好各层级人员之间的关系。所以，对于企业家来说，不仅要慎重选择职业经理人，更需要在这些经理人上任初期给予必要的引导与支持。

笔者只能这样对他说：“你很强势，做你的员工压力很大。你的身边缺乏人才，那是因为你需要的是奴才，你身边也围绕着很多奴才。你的高压政策很厉害，但总这样会把人才逼成庸才甚至奴才。”

所谓人才并不是事事为老板马首是瞻，迎合老板的所有观念，老板说什么他就做什么。如果企业家喜欢这样凭感觉用人，那无疑是搬起石头砸自己的脚。企业里说实话的人很少，但这些人说出来的话会让你听起来很不舒服，很多企业家遇到这样的情况，会马上否定部属的意见。这样只会打击经理人提意见的积极性，让他觉得人才不好做，干脆做奴才。

(3) 给“空降兵”配备一定的人力和物质资源

如果家族企业认为职业经理人单打独斗就能够让企业财源滚滚，那就大错特错了。每个人的能力都有限，职业经理人也要依靠团队的力量，才能充分发挥其能力和智慧。所以，引入职业经理人的家族企业，必须为职业经理人配备相应的物质资源和人力资源，并让职业经理人有一定的支配权，才能更好地实施计划。

案例

任用职业经理人拯救企业危机

柏明顿的客户中，有一个生产中高端家具的家族企业，其发展也是依靠家族式管理模式，后来经过我们顾问师的建议，该公司启用了职业经理人管理模式，结果立刻扭转了长期亏损状况，表现出强劲的发展势头。

而在未启用经理人管理模式之前，该家具厂的情况十分复杂：

- 该企业是靠着家族成员的帮助才得以成长起来的，采购、收银、仓储等重要部门都由家族成员控制着。
- 人情岗位比较多，很多员工是通过裙带关系进入家具厂的，在岗位和人员设置上是按照“亲疏远近”来安排的，谁和老板的关系近，谁就能占据要职，这导致各项制度都得不到很好的实施。
- 管理混乱，部门分工不明确。家具厂的“开朝元老”太多，在管理中谁都不服谁。有时候会出现一件事情两种处理方法的情况，使员工左右为难。
- 很多部门管理者没有掌握管理的技巧。管理者大都不是“科班”出身，不能为家具厂制定一套切实可行的管理制度。老板曾经把一个营销中心交给他的姐夫管理，刚开业时，生意兴隆、顾客盈门，可不到三个月就生意惨淡。原来，老板的姐夫没做过营销，也不懂得如何去营销策划，而竞争对手却把促销活动办得热火朝天，当然把顾客都吸引过去了。

当该公司老板意识到管理危机时，我们就建议他大胆启用职业经理人管理模式，充分放权。经过层层遴选，家具厂终于请来一位资深的职业经理人，他对家具厂进行了一系列改革，使原来混乱的管理局面有了明显的改善，经营额大幅度提升，最终渡过了危机。

5. 把职业经理人当自己人

家族企业应转变固有的传统观念，由以前的认为职业经理人是“外人”，转变为更加信任职业经理人，把职业经理人当“自己人”，给予职业经理人更多尊重和人性关怀，不应认为职业经理人只是聘来干活的“工具”。

对职业经理人来说，他们绝不愿意处处受到制约，分享企业的成功和果实是其必然的追求。要重构企业家与职业经理人的互信，就要构筑双方的心理契约。家族企业要建立互信互惠的企业文化，以文化的力量来影响员工和职业经理人，从而建立一种团结奋进的工作氛围，激励职业经理人更加努力工作。

6. 设计多种方式相结合的激励制度

职业经理人作为一个富有经验的精英群体，往往具有自己的做人准则和处事方式。所以家族企业需要运用多种激励方式，将各种方式加以结合，更好地对职业经理人进行激励。

不同的职业经理人有不同的追求。比如有的职业经理人喜欢拥有管理权力，那么家族企业应当适当授权；有的职业经理人偏好丰厚的报酬，那么家族企业应适当给予更多的物质奖励，还可以对职业经理人进行股权激励，用股权激励的金手铐“铐”住人才。

7. 在企业内部建立透明的监督反馈机制

为了规避企业失控风险，家族企业可以通过建立审计制度、预算制度、财务分析制度、管理信息系统等现代企业管理制度，在企业内部建立透明的监督反馈机制，避免因为个人错误的主观决策，使企业陷入危险的境地。

企业还要建立科学的监督考核制度。有了科学有效的考核制度，才能对职业经理人的工作进行量化，对职业经理人的工作进行合理的评估。同时，企业家也要同职业经理人一起制定战略目标和工作计划，让职业经理人有目标、有步骤地实施，管理才不会陷入混乱状态。

案例

诊治管理“心病”

温州有一家生产皮革的中型企业，采用的是典型的家族式管理：总经理麦先生是一家之主，麦太太虽然没有在公司正式挂职，但是她在公司里的地位有时甚至比麦先生还要高。麦先生的姐姐则全面负责公司的财务工作，尽管她只是初中毕业。公司营销经理一职由麦先生的舅舅担任。

麦先生一直有一块管理上的“心病”，那就是公司的各级经理人员流动太快，年均流失率达30%左右。尤其是一些优秀的经理人，即使麦先生开出年薪20万元的条件，也很难将这些人留下。

麦先生认为，也许是自己的人力资源部缺乏一位能干的经理，因而不惜重金，从一家外企挖来人力资源经理，并全权委托他在全国范围内招聘各种管理人才。这位人力资源部经理果然不负重托，为公司引进了几位高级人才。麦先生很高兴，以为公司从此将焕然一新。没想到半年不到，这些“空降”经理就全部走光了，而且首先辞职的就是那位人力资源部经理。

后来，有两位外派上海和深圳的经理利用麦先生充分授权的机会，勾结经销商诈骗公司的钱，麦先生果断报警。内部审计中发现，绝大多数经理都有违章或非法牟利的行为。于是，麦先生开始收紧权限，规定经理人不得签报300元以上的费用，此举大大打击了经理人的积极性。

麦先生困惑不已，后来与柏明顿公司合作，期望找到一剂良方。柏明顿的顾问师进驻该公司诊断、研究，初步给出一些建议：

- 积极引进职业经理人，并进行企业控制权的重新配置。如何保证控制权对外授让的有效性，又能保证控制权对外授让的安全性，这是企业最难处理又必须处理的问题，必须要有思想准备和科学合理的调整安排。
- 进行多方面的激励。企业应多强调对贡献的奖励，激励手段应该多样化，比如“9D股权激励”，可以导入企业激励中。
- 导入监督机制。监督、约束机制设计的原则应该是“谁制造风险谁承担”，企业要把经营风险转嫁到风险制造者身上，不必花费巨额成本去监督每一个经理人的一举一动。

- 家族成员和职业经理之间应该强调竞争、学习和制约的关系，如果家族成员不能担负管理重任，就应该让出管理权，保留股权。

8. “空降兵”要用专业证明实力

物竞天择，适者生存。职业经理人优秀的工作能力、丰富的工作经验和良好的职业素养，是其受到重用的保证。职业经理人不要因为面临很大的压力而灰心丧气。职业经理人必须要自信，相信自己的优势能够帮助自己在家族企业中立稳脚跟。

职业经理人最重要的优势就是企业管理“职业化”。一个成功的职业经理人，最为核心的竞争力在于拥有国际化的管理理念和视野、市场营销的开发和运营能力，以及本土企业管理的丰富经验。职业经理要利用这些优势，引领家族企业开拓创新，以证明自身的实力和价值。只有把自己放在带领企业发展壮大的位置上，才会受到企业老板的敬重和普通员工的支持。

因此，职业经理人应该从家族企业核心领导层入手，逐步给家族企业领导层培训一些先进的管理经验和方法，让家族核心人员认识到职业经理人专业的一面，并建立融洽、信任的关系，方便工作的深入开展。另外还应该保持与企业家的顺畅沟通，让家族成员意识到职业经理人也与企业荣辱与共，一切以企业的利益为重，既不急功近利，也不做职场上的“游击队员”，使家族的管理人员从情感上接受职业经理人。

专家点拨

职业经理人在家族企业的工作中，要注意循序渐进的原则。采用循序渐进的工作方法，比起刚刚上任便大刀阔斧地改革、期望立竿见影的方式，也许更有效率，更能持久，也更容易得到家族企业的认可。

第五章 走出家族企业培训误区

越来越多的家族企业认识到培训的重要性，希望通过培训提高员工技能，增强企业核心竞争力。但实际中常常是企业老板投入很多人力财力，却因为很多主观和客观的原因，导致企业培训效果大打折扣。

培训是企业中重要的人力资本投资，家族企业培训效果的好坏，关键在于是否做好培训需求分析。有了一套科学合理的培训需求分析，就能找到正确的培训目标，设计有针对性的培训课程。如果家族企业培训目标模棱两可，或者培训对象和目的缺乏针对性，培训效果就会大打折扣，造成人力和物力的大量浪费。

家族企业要加大员工培训力度

人才是企业保持竞争优势和获得可持续发展的重要保证。家族企业要想在国内外市场竞争中脱颖而出，培训一支掌握高新技术、具有管理水平的队伍就变得非常重要。很多企业为了使自己在市场竞争中立于不败之地，越来越重视员工的培训与开发。

但由于家族企业员工培训存在认识和操作误区，难以取得良好的预期效果。因此家族企业必须采取相应的措施，建立科学的员工培训机制，打造学习型企业，建立科学的员工培训体系。

案例

培训效果差强人意

中山市有家生产首饰的制造型企业，由于有良好的外部市场环境和正确的内部决策，这家公司获得了高速发展的契机，现有人员 700 人，正在积极进行上市准备。

公司老板很快就意识到，员工的学习速度必须与公司发展速度相匹配，才有利于公司的健康发展，因此对培训工作前所未有地重视。为此公司新增培训专员一职，隶属于人力资源部，受人力资源部经理的直接管理。培训由专人负责，使培训逐步走向正规化。

这位雄心勃勃的培训专员为了达到良好的培训效果，实施了单个培训控制，增加了若干培训跟踪方法。例如：教师授课评估、5级课程满意度调查、课后测试、关键指标追踪等。随着培训量的增大，培训专员无法对所有培训进行跟踪，只能选择培训投入大的、课程重要性强的、培训被关注程度多的课程进行评估。

这些培训工作似乎很有成效，但多数部门经理反馈培训并没有达到持续改善的效果，培训只停留在课堂上，随着教室大门的合拢，培训也就此结束了。

专家点拨

这家公司的培训专员在培训有效性上没有找到工作重点。培训的根本目的，是通过培训使企业得以持续改善，适应外部变化，持续地保持并增强竞争力。因此培训有效性改善才是培训专员应该努力的方向。

一、增强企业竞争力

知识和技术的更新速度日新月异，企业要保持持久的竞争力，就要不断引进和创新更多高新技术和科研成果，而要让员工掌握相关技能，企业就必须不断地对员工进行技能培训。培训还能增强员工对企业决策的理解和执行能力，掌握先进的管理方法，不断提高企业的市场竞争力。富有实力和竞争力的企业都很重视员工培训，一些世界知名的大公司，如微软、IBM、摩托罗拉等，都建立了自己的员工培训学院或大学。

案例

沃尔玛：内部培训出人才

沃尔玛是世界知名企业，沃尔玛坚信内部培训出人才，这使它一直保持强劲的竞争力。沃尔玛有一整套健全的培训体系，这套完整的培训体系使沃尔玛保持着人力资源优势，使它在世界零售业中占据着龙头老大的位置。

沃尔玛的培训特色主要包括以下几点：

重视新人入职培训。沃尔玛在全世界的雇员达百万人，为了留住人才，公司努力帮助新员工在头90天里适应公司环境，如分配老员工当新员工的师傅，并分阶段对员工的进步进行评估等。这些努力降低了新员工的流失率，也使公司有着蓬勃向上的活力。

表现出色就得到提拔。在沃尔玛，经过6个月的培训后，如果新员工表现出色，具有管理、销售的发展潜力，公司就会给他们提供更多脱颖而出的机会，而不会因为他们是新员工，就扼杀了他们大展身手的念头。因此，沃尔玛公司的很多经理人员，都是从公司内部提拔起来的。

进行高层次的海外培训。世界各地的沃尔玛公司，每年都会不定期选拔业绩出色、有发展潜力的管理人员，前往美国沃尔玛总部的沃尔玛零售学院接受培训，培训零售学、商场运作及管理、高级领导技术等。一年一度的股东大会，更是全世界的沃尔玛人相互沟通、交流、学习的机会。

专业技能培训是沃尔玛成功的重要保证。沃尔玛的微笑服务的标准是“露出八颗牙”，是因为有些员工的微笑过于含蓄，露出八颗牙可以确保他笑得很开朗。类似的标准还有很多：“三米原则”——当顾客从三米开外走近时，服务员就要向他微笑，主动提供服务，让顾客有宾至如归的感觉；“日落原则”——在太阳下山也就是下班之前把当天的问题解决，不要拖到第二天，等等。

二、显著提升员工素质和能力

家族企业加大员工培训的力度，能够使员工掌握新技能，补充新知识，也能最大限度地开发自己的潜能，不断提高工作效率和工作质量，最终能完成复杂的工作任务，增强企业竞争力。同时，随着员工的专业技能与综合素质的提高，可以为企业的长远发展提供人才保障和人才储备，形成富有竞争力的人力资源优势。

案例

培训之后才能晋升

柏明顿的合作客户中，有一家从事牛奶生产的企业。这个企业非常重视人才的梯队建设和培养，以保证人力资源体系的稳定，任何岗位有了空缺，都能有合适的接班人顺利接手。这家公司几乎所有中层以上干部都有“接班人”。

晋升制度化。在这家公司中，什么样的人才能获得晋升，并不是领导一个人说了算，而是有着标准的晋升流程、严格而完善的评价体系以及全面的培养制度。

重视晋升前的培养。晋升人员在正式上岗前，必须接受相应的培训，这个培训是晋升的前提和通行证，不管员工的能力有多强，如果拿不到培训结业证书，就没有晋升的机会。

对晋升的员工进行客观评价。接受过培训的人不一定就能成功晋升，还必须通过人才评价系统的考核，看他有没有能力胜任新的职位。

让每一个受训员工有实践锻炼的机会。接受了培训，通过了人才评价系统的考核，证明此人具备了晋升到新职位的能力，这时他就成了“候补队员”，等有职位空缺时，他就可以顺补。

通过轮岗的方式培养复合型人才。这家公司挑选了几个有潜力的好苗子，给他们提供在各个岗位锻炼的机会，让他们充分了解各个岗位的流程、工作方法，把它们培养成复合型人才。

三、激励员工的有效方式

企业培训不仅是对人力资源进行投资，也是一种有效的激励方式。根据权威机构调查，许多人求职时，很看重企业能否提供培训机会。如果企业为员工提供良好的进修培训机会，能极大地吸引更多优秀人才。

广州有家公司，每年都选送优秀员工去参加带有旅游性质的培训班，组织业绩突出的员工去外地参观著名企业，鼓励员工利用业余时间进修并报销学费，定期选拔优秀员工出国考察等，这些都对员工有巨大的激励作用。

四、传播优秀企业文化的良好途径

企业通过培训，可以给员工传播优秀的企业文化，让员工与企业形成一致的价值观，养成良好的行为规范。通过这些培训，员工对企业文化有了更为深刻和形象的认识，能够形成团结、融洽的工作氛围，打造学习型企业，增强企业的凝聚力。

案例

培训让员工增强信心

深圳有个外贸公司对员工抽样调查的结果表明：经过3个月的培训，95%的员工工作更有信心了，对企业文化也有了深刻的理解和认识；90%的员工对工作表示满意；97%的员工愿意继续留在公司。可见，培训不仅增强了员工的工作技能，而且提高了员工对企业的认同感和归属感。

家族企业培训为何成为“鸡肋”

越来越多的家族企业认识到培训的重要性，希望通过培训提高员工技能，增强企业核心竞争力。但实际中常常是企业老板投入很多人力、财力，却因为很多主观和客观的原因，导致企业培训效果大打折扣。如果不及时调整策略，采取适当的措施，企业培训只是竹篮打水一场空，辛苦的投入换来的只是员工的离去。而在一些家族企业看来，员工培训就成为“鸡肋”，“食之无味，弃之可惜”。

一、没有制定培训目标，培训的意义大打折扣

很多家族企业对培训需求没有进行调查与分析，导致培训内容缺乏针对性和实用性，严重脱离企业的实际。有些家族企业的领导根据个人的兴趣爱好提出培训内容，有些老板则热衷于追赶国际潮流，对于培训内容的选择，容易受到各种媒体炒作的影响。市场上流行员工心态激励，就马上办一期“员工心态培训班”；听说要建设信息化的学习型企业，就不管自身企业的类型和性质，一窝蜂地对员工进行计算机技能培训。

从表面看起来，家族企业的培训工作开展得如火如荼，其实这些培训对员工没有起到什么效果。不了解市场的现状，不了解员工实际的需求，更不了解企业面临哪些困难。这样的培训课程只能是稀里糊涂地进行，只重视培训课程的数量，却不考虑培训的质量；只注重所谓的企业形象，却不管培训是否吻合员工的需求。员工费时费力去学习一些不实用的东西，既耗费了员工的时间，又浪费了企业资源，也难以提升家族企业的整体实力。

据有关资料显示，在一些企业培训中，没有达到预期培训效果的企业占24%，有45%的员工认为企业培训是徒劳无功。原因主要是这些企业培训没有针对性，也不实用，后期的跟踪和评估又不到位。这样的企业培训，花费了不少金钱和精力，收到的实效却微乎其微。

案例

员工对培训为何如此冷漠

与柏明顿合作的客户中，有一个从事高科技生产的家族企业。由于公司规模的持续扩张和经济效益的稳步提升，公司高层逐渐感觉到，员工的综合素质和技能已无法满足公司快速发展的需要，并将成为制约公司可持续发展的一大“瓶颈”。于是，决定将全面提升员工素质和技能，当成人力资源部长

期关注的重点。

这家公司根据发展需求，重新修订了现有岗位的任职要求，同时向员工下发了培训需求调查表，但是调查结果显示，很少有员工提出明确的培训需求，大部分员工反应较为冷漠。于是，人力资源部提出培训计划，并开展了一系列的培训活动。

但是，公司各部门业务非常繁忙，于是就做出硬性规定：除特殊原因外，所有相关员工必须全部参加培训。

尽管经过一段时间的培训，员工素质和技能均有一定程度的提高，但是课堂气氛呆板，员工不主动参与互动，受训员工对所学知识不能融会贯通，参加培训也只是为了应付培训后的考试。

后来人力资源部了解到，产生以上现象的主要原因为：员工对自己在素质和技能方面所存在的“短板”认识不清晰，对培训内容很厌恶，对公司硬性规定必须参加有强烈的抵触情绪。因此，部分员工学习热情不高，只是以“应付”的态度对待培训。

专家点拨

这家公司培训没有取得预期的效果，是因为员工对培训的重要性和自身的培训需求不明确，无法充分认识自身所存在的差距和改进目标，以及技能、素质的提升所能带来的积极作用，没有从内心真正产生培训需要。培训内容的设计与员工需求有所差距，员工就会缺乏主观能动性，培训效果自然不好。

二、舍不得培训投入，培训草草收场

许多家族企业老板非常看重市场推广，为了企业知名度和产品的销售额，不惜花巨资投在广告上，希望能产生财源滚滚的效益。

由于对员工的培训投资短时间内难以看到成果，很多企业老板主观地认为：培训成本应该尽量降低，把省下的钱花在广告推广上，更能产生作用。

因此，企业培训方面投入的资金少之又少。

其实，培训不是一种单纯的成本开支，它是一种回报极高的无形投资。家族企业通过培训员工的技能，将会给企业带来更多经济效益和社会效益。

专家点拨

据有关资料统计表明，对员工培训投资1美元，可以创造50美元的收益，投入产出比为1∶50。培训产生的效益一定会发挥出来的，也是最为持久的。家族企业应该认识到培训投入带来的好处。

三、培训方式缺乏吸引力，使员工对培训产生抵制

有些家族企业觉得培训费力又花钱，为了省事，就请一些职业培训师到企业上课，即采用大班授课的方式。这种“老师教，学生学”的培训，偶尔举办还能取得一定的效果，可每次都是这样的方式，对员工来说，就明显缺乏吸引力。对这些习以为常的培训方式，员工感到像是走过场一样，久而久之就会感到厌倦，提不起学习的兴趣。而且这些外聘的培训师，往往并不真正了解员工的培训需求，所以在培训内容、培训方式上大都千篇一律，讲授的东西缺乏实用性，很难对员工有所帮助。

还有些家族企业每次培训都采取放录像的方式，认为这样做既降低了企业成本，又可以增加培训内容，结果使员工感觉培训就是放录像。这些方式都很容易使员工对培训感到厌倦和无聊，很难取得良好的培训效果。

案例

激发员工的学习热情

佛山有家房地产公司，在技术培训后就开展岗位技能竞赛，获胜者由总经理在员工大会上颁发荣誉证书和奖金奖品，个人荣誉感和好胜心让流水线上的工人激发出空前的学习热情。

该公司在进行管理培训后，就开展案例竞赛，各项目团队主动应用学到的管理理论和工具，竞相总结展示自己团队的成绩和收获，在奖励方面，优胜团队获得的则是团队活动特别预算。通过精心策划，原本用于培训实施的预算被转移到了效果的催生环节，有效引导了学员自发挖掘和展现实践效果，突破了培训见效难的“瓶颈”。

公司还制定对内部培训师的激励方案，设置兑换公式，按照授课时间等指标给予培训师们积分，这些积分可以定期兑换，人力资源部则在每次兑换季推出包括带薪假期、由世界名牌厂商出品的带有公司标志的服装包袋和热门文艺演出入场券等在内的精美奖品，积分最多的培训师还将在年会上获得刻有培训师姓名的水晶胸章，这些激励方案常常激励培训师们好好备课。

四、企业培训缺乏必要的评估和监督机制

家族企业进行培训活动，不可避免要对培训进行监督和评估，这是检验培训效果的重要环节。只有对培训进行全方位的评估，才能修订培训目标，改进培训质量，降低培训成本，切实提高员工参与培训的积极性。

然而在实际中，有些家族企业虽然也重视培训，但没有建立完整的培训信息系统，缺乏对培训的后期评估和监督，培训效果如何，企业无从了解。有些企业的培训评估只是对培训内容的考核，忽略了培训有没有对员工的工作行为、工作态度、技能提升等产生作用，这样的评估只是停留在低水平上。

五、注重知识和技能培训，忽略职业道德教育

一些家族企业为了提升企业效益，只重视培训员工的技能，如管理能力、技术操作能力等，却忽视了对员工思想道德、为人处世方面的培训。虽然员工的技能提高了，但职业道德和素养却没有大幅提高。

案例

业绩重要，人品更重要

有一个服装厂，经过家族成员和外来员工的共同努力，已经形成一个有知名品牌的服装企业。这家公司之所以发展如此迅速，是因为公司注重员工人品远比业绩重要。

不管是从事生产的员工，还是从事营销的业务人员，该公司认为，人品第一，业务次之。人品提升是业务提升的最佳保障，业务员人品低下，拉回来的业务日后也会因为各种问题而漏洞百出。良好的职业操守胜过一切，因此该公司将培训摆在了企业发展战略的第一位。

公司员工王先生就是一个很典型的例子。王先生是应届毕业生，加入该公司才 3 个月。短短一个星期的企业内部培训之后，王先生的思想来了一个 180 度大转弯："培训举办得真是太及时、也太重要了。如果没有内训的正确引导，我很快就会跳槽的。我现在才明白为什么员工之间的差别这么大。企业内训讲得最多的是我们要有良好的职业操守，做事要凭良心，不能两只眼睛只看钱。这一点对我有很大的启示，让我明白了保持良好的人品是做好一切事情的前提和基础。"

六、只培训高层员工，忽视中基层员工的培训需求

根据相关调查结果显示，58% 的企业有年度培训计划。如果家族企业的培训计划只是落到少数核心员工身上，很容易导致没有得到培训的员工对培训不"感冒"。于是，我们常常看到，在有些家族企业中，是一个接受 EMBA 教育的职业经理人带着一群执行力不强的中层进行培训。这就像一头接受过跑步训练的骏马，是很难带领缺乏力量的羊群快速前进的。

一个家族企业只有在所有员工中落实培训计划，并提拔优秀的管理者担任内部培训讲师，才能整体提高员工的技能，提升企业的竞争力。

专家点拨

知识是无价之宝，企业培训也不一定要投入大笔资金。培训能提升员工素质和稳定员工心态，是一箭双雕的行为。所以，家族企业老板要做的是用低成本尽量提升培训的质量。

七、只培训基层员工，忽视高层管理者培训需求

也有一些家族企业的老板错误地认为：基层的管理人员和普通员工才需要培训，花重金请来的职业经理人就不需要培训了。职业经理人是请来创造效益的，不是来接受培训的。

这种认识显然是个误区。一个职业经理人的素质高低，决定着企业的未来发展，所以这些职业经理人更需要不断更新知识、改变观念。职业经理人要想把家族企业改造成为现代化的企业，更需要学习别人的长处和经验，因此也需要相关的培训。

八、把培训当成万能钥匙，以为培训能解决所有问题

还有一些家族企业认为员工培训是万能的。员工缺乏工作技能，企业就赶紧安排培训；销售业绩做得不好，也认为是培训不到位；服务态度差了点，马上要求培训员工的礼仪……只要企业出现危机，就会想到培训，把培训当成解决管理问题的万能钥匙，却没有深层次地探究出现问题的原因，这也是对培训的误解。

专家点拨

人是最难培养的，“十年树木，百年树人”，员工熟练掌握某种技能，需要一个过程，需要长期的磨炼，仅靠几次培训就解决企业所有问题，那只是一厢情愿而已。

用低成本达到最佳的培训效果

家族企业陷入发展危机时，就像是漂泊在海上的船队，在找到一片沙滩之前，手头那把船桨就变得至关重要了。这时人力资源部就有了崭露头角的机会，能够成为企业的战略决策参与者，因为在企业出现经营转机之前，必须依靠人力资源部的培训工作，才能够把企业带出苦海。实力还很薄弱的家族企业，在员工培训中，如何做到用低成本达到最佳的培训效果呢？

一、培养企业内部的优秀培训师

家族企业如果感到培训员工成本压力过大，可以考虑投入更多的内部培训。相对于从外部聘请职业培训师，来自内部的传播者更能在日常工作中发现培训需求，并利用培训师兼管理者的身份，给下属员工讲授相关技能和经验。根据调查显示，42%的企业倾向于选择内部从事相关工作的管理者担任培训师。

案例

企业骨干是最好的培训师

王先生在出任某企业人力资源总监时，第一件事就是成立内部培训师团，把总经理本人和所有部门的最高领导都纳入麾下，如此安排的好处是，管理层会议自然成为培训师团会议，问题可以立即转化为培训需求，反应变得迅速了，也省却了许多培训供需沟通的时间。

部门间的专业培训也是一个学习的机会。部门培训可以安排培训专员、培训师参加旁听，既可以评估培训的效果，又能促进各部门之间的交流和了解。

二、企业家利用人脉，挖掘性价比高的外部培训师

家族企业的老板在创业过程中，需要跟很多人打交道，人脉关系比较广泛，在业务来往或参加一些社会活动时，能认识一些优秀的培训师。家族企业的老板应该利用多重人脉关系，结交更多的人，从而挖掘性价比高的外部培训师。

三、多种培训方式相结合，降低培训成本

企业可以将多种培训方式相结合，以降低培训成本。

案例

培训成本低，质量却高

贵州有个家族企业，柏明顿的顾问师为这家企业设计了多元互动的培训系统：专业技术培训全部由各事业部技术骨干担任培训师，用课堂讲授普及基本知识点，用学徒制提高应用水平。

在提升管理技能方面，把引进外部课程的一部分经费转向建立内部图书馆，购置了财经管理类经典图书、光盘和期刊等供员工自助阅读，辅以循环播映视频课程，定期举办读书沙龙和应用案例分享活动，引导大家把理论工具创造性地运用到工作实践中。

人力资源部还组织培训师，反复观摩名师课程，精读相关书籍，整理编写管理类教材，不断提高授课水平，一年多下来，很多工作能力出色又善于表现的培训师脱颖而出，随着这支队伍的扩大和课程驾驭能力的提高，培训课程逐步深入到公司的每个层面。

这家公司开放的知识分享模式，好处在于共享越多，单位成本就越小，潜在效益越高。

努力构建学习型家族企业

家族企业面对激烈的市场竞争，要想获得更大的生存和发展空间，必须要构建学习型企业。通过不断学习先进的科学技术、实用的管理技巧、高效的企业制度，使企业能够不断注入新鲜的血液，获得更多的创新活力，在竞争中立于不败之地。

案例

让培训得到贯彻和落实

汕头有个生产食品的家族企业，自成立以来，就十分注重对员工素质的培养和教育，为能在企业需要的时候及时组织培训，将企业的先进理念融入员工的思想意识当中，该企业与柏明顿公司进行了合作，由柏明顿选派顾问师为该公司定期组织内训。

柏明顿的顾问师通过对该企业的实地考察，发现该公司各个阶层的优秀员工，经过培训都可以成为讲师，而且对企业存在的问题更有专职针对性。顾问师对内训讲师的定位不仅仅是给员工进行培训，如果新员工在跟客户交流中遇到困难，内训讲师还要以身作则，协助新员工一同解决。培训讲师自身要具备良好的素养，不光业务能力要过硬，其沟通能力和领导能力更要比普通基层员工强。

柏明顿的顾问师分析了这家食品公司的内部培训需求，剖析结果为：该企业培训必须在整个公司是无处不在的，“随时随地教育”的开展是其业务发展顺畅的保证。

一、构建学习型企业，增强家族企业核心竞争力

一个原地踏步、不思进取的企业，会远远落后于时代，难逃被淘汰的结局。一个不注重员工培训、不注重员工学习的企业，是很难保持持久竞争力的。构建学习型企业，是家族企业寻求发展的必然选择，也是增强企业核心竞争力的重要途径。

案例

三星严格有效的员工培训

三星电子作为一家世界知名的企业，在新员工培训上，有很多可以让中国家族企业参考借鉴的地方。

新员工第一课永远是企业文化。每个三星电子的新员工，第一天接受的永远是企业文化课。三星的企业文化内容很多，有三星发展史及现状，三星新经营哲学，三星的核心价值体系，还有防腐败教育等。不是干巴巴地讲企业文化，而是通过录像资料宣讲企业文化。新员工们上完了企业文化课，就会对三星有比较全面的了解，而且大多数都会感到震撼，并产生一种自豪感。

高层非常重视员工培训工作。每次新员工的欢迎仪式上，该新员工所在部门的经理必须上台讲话。有时候，还会经常请到公司的最高领导来参加培训。领导的重视，使得负责培训组织的人员更加认真负责。

注重培训的质量和实效。每一个培训活动，要先制订计划，然后从培训经理到部门主管，经常开会讨论准备工作，对所有的培训细节，如课程的设置，学员的食宿安排，培训场地的选择，各种印刷物的制作等，都会列出详尽的时间进度表，所有的安排最后都汇总到一张预算表上。在培训前一天，培训经理和相关负责人会亲自到会场进行布置和检查。

培训的过程就像拉练活动。新员工培训时间通常是两周，日程安排得很紧凑。早晨跑步，白天参加课程、参观工厂或到专卖店实习，晚上还要讨论、

写感想、写作业等。有时小组晚上讨论到很晚才能交差。半个月的封闭培训之后，员工基本已经接受企业的文化了。三星公司的一位总监开玩笑地说，要让新员工从进三星第一天就知道，进三星可不是那么容易的事。

二、构建学习型企业的重要举措

构建学习型企业并非易事。家族企业必须营造一种良好的学习氛围，在资金、资源等方面给予重要支持，引导员工积极参与学习。企业要倡导终身学习理念，形成全员学习的氛围和机制。

1．家族企业要把培训定位为一项战略措施

家族企业发展，是依靠家族成员和外来员工共同努力的结果，所以培训计划也要落实在每个员工身上。世界上知名的大企业都建立员工培养机制，为企业的可持续发展发挥重要作用。所以，企业老板要转变落后的人力资源观念，从家族企业战略高度重视员工培训。因为，在绝大多数情况下，只有企业老板的支持和批准，员工培训才能顺利进行，特别是在家族企业效益不稳定的情况下。

专家点拨

家族企业老板必须树立现代化的人力资源观：家族企业培训不应该只是家族成员的福利或奖励，而应是全员培训；每次培训，企业管理者带头参加，提高员工参与的积极性；不断加大员工培训的力度和频率，使员工培训工作形成一项管理制度。

2．完善培训激励机制，提高员工参与的积极性

家族企业应建立和完善员工培训激励机制，对参加培训后技能和业绩得到提升的员工，适当给予奖励，这不仅能够调动员工参加培训的积极性，也

能够防止部分员工在接受培训后跳槽离开。

家族企业可根据实际情况，设计针对性强的激励措施。如将薪酬与绩效考核挂钩，定期进行绩效考核，对超额完成绩效的员工给予适度的加薪。

企业可以定期举办带有旅游性质的培训班，也可以评选学习明星、技术能手、创新能手等并进行表彰。这将使员工精神上产生满足感、成就感，从而激发员工参加培训的热情。

3. 严格执行制定的培训计划

家族企业要根据企业发展目标，制定相应的员工培训计划。只有科学有效的培训，才能最大限度改善员工的工作态度，提高员工的综合素质，最终提高企业的整体效益。在制订培训计划前，家族企业要对员工的培训需求进行认真分析，对员工培训的细节做系统、科学的规划和安排。同时，企业的培训部门要针对不同的员工提出不同的培训目标，设计针对性强的培训内容，这样的培训计划才能对员工起到帮助，也符合家族企业整体发展的需要。

专家点拨

家族企业要因地制宜、有针对性地对员工进行培训，培养内部人才，同时应在时间、工作任务等方面给予受训员工适当的照顾。

（1）培训要与企业的实际情况相结合

不管是技术培训，还是管理技能培训，如果脱离了企业的实际情况，将难以起到良好的效果，甚至适得其反，使员工对培训活动失去耐心和信心，丧失学习的动力。只有与企业实际情况相结合的培训，才能使员工把培训课上所学到的运用到实践中，转化为实实在在的能力。

（2）把培训的质量放在第一位

很多家族企业的培训课，只是请来培训师，随便讲几堂课，对员工来说，这种课程不痛不痒，可有可无。所以，企业的培训必须要讲求质量，注重培训效果，能够帮助员工提升技术能力、帮助管理者提升管理水平，才会受到员工的欢迎。

（3）注重团队的学习和交流

家族企业在构建学习型企业时，必须把提高员工技能和创新能力作为重点，重视员工团队精神的培养。在整个公司中，要导入一种全员学习的良好风气，形成相互竞争的局面。学习能力强的员工，可以获得提升，将极大地鼓励员工增强学习动力。团队之间的学习和交流，能够增强团队凝聚力，对家族企业和员工来说，是一个双赢的选择。

案例

摩托罗拉严谨的培训

摩托罗拉公司在每一次员工培训课前，培训部经理都要亲自审核培训师的讲稿，对每一个知识点都仔细考量，并根据员工已有的知识系统，确定哪些方面作为重点来讲授，哪些知识可以少讲或不讲；斟酌每一个案例是否典型，应该放在哪个知识点下作为论据。培训部经理和培训师沟通，有利于培训师的授课内容和员工的工作紧密相连，使培训的效果更佳，这已成为很多公司目前培训的重要导向。

专家点拨

人力资源部在公司中起到战略性的作用，因为这个部门担负着员工的培训重任。所以，培训管理者必须注重与其他部门经理保持良好的沟通，维持良好合作关系。

4. 运用高科技手段，创新培训方法

科技的发展，也带来企业培训上的革命。企业在员工培训中运用高新技术和手段，可以改变传统而落后的培训方式，提高培训效率和培训质量。

案例

企业培训的技巧

一家世界500强企业有一个“在线学习”的方法。培训师将课程光盘分发给员工，员工可以把光盘带回家学习。培训师还把大量培训文件放在公司内部网上，并将课程、学习计划编成学习进展图，以帮助员工逐步提高，另外，这家公司还建立了“网络学院”，员工可以下载后互动学习和协作学习，从而很快地掌握学习内容。

还有另外一个培训方式叫做“体验式”培训，就是通过小组讨论、现场操作和角色扮演等进行模拟训练。针对成年人学习的特点，采用小班制，对每一个内容讲究精雕细琢。

5. 评估培训效果，并不断改进培训的质量

家族企业进行员工培训，还要重视培训评估。因为这些信息反馈能够了解培训后，员工的态度、技能是否发生了本质的变化。通过对培训前后的比较，培训部门可以吸取经验，不断改进培训质量，并为下一阶段培训计划的制定提供第一手的资料。

为了做好培训评估，家族企业人力资源部如何掌握培训信息呢?

- 直接咨询参与培训的员工的意见。
- 走进基层，了解员工在接受培训以后，工作态度和工作技能是否提高，是否应用到实际工作中。
- 评估培训产生的效果，包括员工对工作是否满意、产品销量是否提高等。

家族企业通过这些标准来检查培训效果，可以发现培训工作中存在的漏洞，检验培训是否能促进员工的进步，实现企业整体实力的提升。

案例

企业培训要注重成效

李先生是某家族企业新上任的人力资源部经理，由于他之前在外企工作过几年，因此一上任就向公司提交了一份进行全员培训的计划书，上自总经理，下至一线生产员工，进行为期一周的脱产英语培训。

为此，李先生向公司申请培训费用每人200元，参加英语培训班学习。这家公司的老总很开明，也知道培训的重要性，很快就批准了全员培训计划。

可是培训的效果怎样呢？据说是除了办公室的几名人员和十来名老员工认为有用，其他人员不是感觉收获不大，就是觉得无处可用。十几万元的培训费用只买来了一时的“轰动效应”。员工们认为此次培训和以前的培训没有什么差别，都是盲目的培训，缺乏系统性，甚至有小道消息传播此次培训是李先生做给老板看的“政绩工程”。

而李先生对于这些评论感到非常委屈：在一个家族气氛浓厚的家族企业里，给员工输入一些新鲜血液、灌输新的知识怎么会没有效果呢？李先生百思不得其解：“不应该呀，在当今环境下每人学点英语应该是很有用的呀！”

专家点拨

在家族企业中，类似的培训闹剧还在上演。应该认识到，这样不切实际的培训，只会影响企业的发展。培训是一项提高全员素质、团队精神的实务工作，而不应该是摆架子、走过场。

第六章 突破绩效考核的“瓶颈”

一些家族企业虽然实行了一整套规范、系统的绩效考核制度，可考核一段时间后，企业和员工都开始松懈下来，失去了实施绩效考核的热情，一些员工内心还有了一些反抗情绪。

科学合理的绩效考核能够改善家族企业落后的生产方式，提升员工的工作效率，增加企业的整体效益；而错误的考核则会伤害家族企业的整体利益。

一些家族企业虽然实行了一整套规范、系统的绩效考核制度，可考核一段时间后，企业和员工都开始松懈下来，失去了实施绩效考核的热情，一些员工内心还有了一些反抗情绪。在考核成绩表上，也有一种情况，就是"做得越多错得越多，考核成绩也越低"。由于一些岗位的工作难以量化，绩效考核在家族企业中很难保证公平性。总之，家族企业在实施绩效考核的过程中，遭遇到很多困惑和瓶颈。那么，如何破解这些发展中的瓶颈呢？

如何实施科学的绩效考核

管理学上有一句经典名言："没有考核，就没有管理。"如果没有明确绩效考核的目的，也没有一套规范、科学的考核方式，绩效考核就很难发挥作用，反而使绩效考核成为令员工厌恶、中层经理深受折腾、高层领导头疼的问题。

绩效考核本应成为先进、科学的管理工具，为什么在家族企业却产生那么多问题呢？主要原因就是家族企业的高层没有参与，没有明确谁是考核的责任主体，考核与企业的战略和员工的职责分离。所以，家族企业要做到有效的绩效考核，就必须明确绩效考核的定位。

一、家族企业实行绩效考核的重要作用

企业实施绩效考核，就是跟踪、记录、考评员工完成和落实工作的情况，

收集、分析、传递员工在岗位上的表现和结果。绩效考核也是对员工前一阶段工作的汇报和总结，能够帮助员工清晰地安排工作、落实工作，提高工作效率，获得更大的进步。

没有科学的绩效考核，就没有现代化的管理。绩效考核的目的，就是促进员工提高工作效率和工作能力，创造优异的业绩，促使员工努力实现企业和个人的发展目标。

1. 绩效考核为员工招聘录用提供依据

家族企业录用员工时，一般会规定一个试用期。在试用期中，为避免盲目聘用或辞退员工，要通过绩效考核对试用期的员工进行全方位的量化考核，按照岗位说明书的标准和要求，决定聘用与否。

2. 绩效考核为员工的晋升、降职提供依据

通过绩效考核，能够对员工的工作过程进行有效控制，及时了解员工的工作进展，检查工作任务的完成情况，验证员工的能力和业务水平，能够对员工的工作业绩做出客观、全面的评价，员工也能够发现自身存在的问题，并在将来的工作中进行改正。通过考核，企业和员工都能够找到工作中的困境，为下一个考核目标提供参考依据，为员工晋升或降职提供依据。

专家点拨

家族企业实施绩效考核，能够帮助员工改变工作方式，提升工作效率。所以企业不能认为绩效考核仅仅是完成填表打分这样的简单动作，而是要做好对员工的沟通、辅导、反馈等。

3. 绩效考核为员工培训的内容设计提供依据

绩效考核能够找出企业管理上的缺陷，也能暴露员工能力上的弱点。企业可以根据绩效考核的结果，结合员工本人的培训需要，制定针对性强且切

实可行的培训计划。

二、家族企业如何实施科学的绩效考核

1. 让员工对绩效考核有全面的认识

家族企业要想顺利地实施绩效考核，就要让全体员工对绩效考核有一个全面、正确的认识。有些家族企业中，只有少数员工了解绩效考核，而大部分员工根本就不知道绩效考核为何物。家族企业的人际关系又很复杂，更容易使绩效考核的评价沦为人情化的打分。

2. 根据企业实际情况制定考核目标

家族企业发展到什么样的阶段，未来有哪些任务和目标，都要细化在员工的绩效考核中。因为企业的战略目标需要员工去执行和落实，所以，企业要对未来的发展目标进行细致分析，制定总体考核目标，针对不同部门，确定各部门及员工的考核目标。

3. 确定考核关系和负责人根据

家族企业要确定考核人员：针对各部门负责人的考核，由公司领导或人力资源部进行考核；对普通员工的考核，则由直接主管领导负责；人力资源部主要负责绩效考核的组织与执行，以及员工的沟通工作。

在家族企业中，人际关系比较复杂，为了使绩效考核公平、公正，企业必须制定统一、严格的标准和制度，避免因人情关系导致绩效考核变为人情考核。

4. 编制针对性强的考核内容

人力资源部要根据各部门的考核目标，制定各部门的考核项目。如果部门中岗位之间差别很大，在制定考核项目时，也要及时做出调整。家族企业

的绩效考核，内容涉及员工的业绩、能力和态度。因此，企业设立考核项目，一般都在这三个框架范围内。员工的业绩所占比重最多，而能力和态度所占比重相对较少。

案例

绩效考核为何成了“过街老鼠”

柏明顿公司的客户中，有一个大型家族企业，下属几个分公司，其中销售公司就有两家。总公司在年初的时候为每一个分公司制定了一个目标，但是到年终考核时，不仅销售公司没有完成任务，其他公司和部门工作完成情况也不佳。此时大家最先指责的是销售公司，两个销售公司非常气愤，觉得总公司当初给定的指标就是不现实的，相关的资源也没提供。由此，销售部门、财务部门、生产部门和科研部门都各说各的理，最后考核变成了一场争吵。

这家公司考核失败的原因，在于确立的考核体系本身就不是科学和客观的，不符合企业的实际情况。

5. 确保考核标准的权威性和公正性

家族企业不能对绩效标准的规定过于统一和绝对，因为部门的业务不同，每个员工的工作任务也不尽相同，如果绩效标准过于统一，就难以区分其中的差异化，对员工来说是不公平的。所以，家族企业要根据不同的部门，制定不同的绩效考核内容。另外，绩效标准对员工来说，要具有挑战性，即大多数员工经过努力，都能够完成这个绩效。同时，绩效标准要稳定，保证绩效标准的权威性。

案例

绩效考核为何得不到广泛支持

在某家族企业的会议室里，杨总经理正在听取本年度公司绩效考评执行情况的汇报。其中有两项让他左右为难，一是年度考评结果排在最后的几名员工却是平时干活最多的人，这些人是否按照原有的考评方案降职或降薪？二是下一阶段考评方案如何调整才能更加有效？

这家从事服装生产的公司成立仅三四年，为了更好地激励和评价各级员工，在引入市场化用人机制的同时，建立了一套新的绩效管理制度，不但明确了考评的程序和方法，还细化了“德、能、勤、绩”等项指标，并分别做了定性描述，考评时只需对照被考评人的实际行为，即可得出考评的最终结果。但考评中却出现了一个问题：工作比较积极和出色的员工，考评成绩却被排在后面，而一些工作业绩平平但很少出错的员工却被排在前面，特别是一些管理人员对考评结果大排队的方式不理解，存在抵触心理。

为了尽快找出问题所在，杨总经理深入调查，技术部经理快人快语：“我们部门总共有6个人，却负责公司十几台设备的维护工作，为了确保它们安全无故障地运行，检修工需要按计划分散到基层各个站点上进行设备检查和维护，在工作中不能有一点违规和失误，任何一次失误，都会带来不可估量的生命和财产损失。可是在绩效考核中，我们的工作并未得到相应的回报。”

财务部经理更是急不可待地说：“财务部门的工作基本上都是按照会计准则和业务规范来完成的，凭证、单据、统计、核算、记账、报表等工作要求万无一失，但这些工作无法与‘创新能力’这一指标及其评定标准对应。如果我们的工作没有某项指标规定的内容，在考评时，是按照最高还是按照最低成绩打分？此外，在考评中沿用了传统的民主评议方式，我对部门内部人员参加考评没有意见，但让部门外的其他人员打分是否恰当？财务工作经常得罪人，让被得罪过的人考评我们，能保证公平、公正吗？”

6. 安排合理考核周期

有些家族企业的绩效考核周期为一年，这个考核周期显然过长了。所以，企业要根据员工的职位和能力，制定不同的考核周期。职业经理人、高级技术人员的考核周期一般为一年，中层管理者、一般技术人员的考核周期一般为一个季度，基层管理者和员工的考核周期一般为一个月。

家族企业绩效管理的困境

家族企业引入绩效管理，本想极大地提高管理水平和工作效率，然而遗憾的是，一些实施过绩效管理的家族企业感觉，绩效考核就像鸡肋，既花费很多人力物力，最后还会引起员工的反感。

绩效考核为什么在中国家族企业“水土不服”，出现了管理上的偏差？主要有如下几点原因：

一、绩效考核如同一盘散沙，缺乏企业战略导引

绩效管理的重要性不言而喻，并不是因为考核制定程序繁杂、任务重要，而是它在企业管理中占据重要的地位。在绩效考核的实施过程中，企业战略是引导绩效考核的指南针，企业文化保障其顺利有效地执行，缺少了企业战略和企业文化，绩效考核将难以体现出它的价值。

可是遗憾的是，很多家族企业因为缺乏明确的战略目标，制定的企业文化更是潮流观念的大杂烩，仅仅是个形式罢了，由于缺乏企业战略和企业文化的导引，绩效考核过程成了一盘散沙。

案例

绩效管理与企业战略的分离

有一天，一位从事人力资源管理的工作人员，给笔者写了一封信，内容如下：

我在一家大型的家族企业工作，一直负责人力资源方面的工作，虽然很繁忙，但是却得不到老板的认可。老板经常说："我看每个人的考核分数都不低，但就是没看到公司绩效的提升。"而部门经理则抱怨说："这些指标是怎么制定的？有些指标睡觉都可以达到，有些指标无论如何都达不到，盲目打分也就在所难免了。"请问这种情况下，我应该怎样做才能让绩效考核落到实处，发挥应有的作用呢？

专家点拨

家族企业中出现这种老板茫然、部门经理盲目、人力资源经理忙碌的情况，似乎很常见。企业对工作效率非常重视，但对于如何提高工作效率则考虑不周。只有把公司战略、部门目标和个人目标视为一条纵线，战略绩效与薪酬激励、能力素质模型结合起来，战略绩效才能真正在企业开花结果，从而达到提升每个人的绩效和企业整体绩效的目的。

二、没有准确的职位分析，只是凭感觉考核

在绩效管理的过程中，企业必须做好职位分析，因为绩效考核与员工素质紧密相连，员工具有什么样的素质，将决定绩效目标能否得以实现。如果企业没有做好职位分析，没有深入了解员工素质，那么这样的绩效考核就是盲目的，也可以说是在凭感觉进行考核。

很多家族企业老板过于自信，又缺乏现代管理知识，对绩效考核没有深入的认识，从某种程度上也认可了这种"感觉考评"。凭借个人主观看法得出

的评估结果，自然难以反映员工完成绩效的情况，更不能反映企业的战略目标，甚至还可能酿成严重错误。

由于考核管理者凭着感觉“论英雄”，平庸的员工因为善于讨好领导，绩效考核往往得了高分；而真正的人才却因为种种原因，仅得到极低的分数，这将极大地打击人才的工作积极性。

三、盲目追求量化指标，考核方法时髦却不实用

有些家族企业的绩效考核是比较规范的，也注重绩效的量化，希望能在准确的“算分”中达到公平、公正。考核者挖空心思来设计各种记分指标。但这些量化的指标并没有反映员工的实际工作，也没有体现出企业的战略目标。尽管考评结果越来越准确，考评方法越来越时髦，却不能从根本上提升员工的工作主动性和积极性。这种耗财费力的考核工程，带来的不是企业业绩的提升，而是人际关系的紧张，以及核心人才的不断流失。

四、缺乏反馈机制，难以引发员工共鸣

在一些家族企业中，绩效考核常常是暗箱操作。在管理者的观念里，员工只需要知道自己的绩效分数就行了。久而久之，员工就逐渐丧失了参与绩效考核的热情。

由于缺乏反馈机制，很多绩效表现出色的员工，被评为优秀员工的时候，感到自己是稀里糊涂被评选上的，因而不会在工作中再接再厉，追求更高的标准。被鉴定为不合格的员工则感到委屈，因为不知道自己哪里出现了错误，因此也无法改进工作和获得技能的提升。当连续考核不合格的时候，这些员工只能在郁闷中离开企业。

案例

受到困扰的人事经理

柏明顿有一家客户，是从事日用品生产的家族企业。这家公司都是家族成员占据重要职位，管理理念落后，现代企业制度也没有真正建立起来。特别是体现在人力资源管理上，公司并没有一套行之有效的人力资源管理体系，缺少现代激励、考核制度。

公司的高层领导也意识到这些问题，于是制定公司的中长期发展战略，用现代企业制度对公司进行组织机构重塑。在人力资源管理方面，下大力气转变以往"人才上不去，庸才不下来"的状况，在公司内部以岗位责任制为基础，采取记分制绩效考核手段，基于以绩效考核为核心的公司内部人员流动机制，建立了一套人力资源考核与管理体系。

然而在具体实践过程中，公司的人事经理却遇到许多困扰，大致可以归纳为以下几个方面：

- 绩效考核计划做得很出色，可是在实施过程中"雷声大，雨点小"，考核者乐于充当好好先生，应付了事，大大有悖于绩效考核的初衷；
- 在考核过程中，公司员工缺少参与的积极性，抵触情绪很强，不少员工甚至质疑，绩效考核就是通过反复填表来挑员工的毛病；
- 考核的过程繁琐，耽误正常的工作时间，推行过程中又因为得不到高层的足够支持而阻力重重；
- 考核过程和结果的公正性难以得到保证，大多数员工对于考核的结果都心怀不满，怨声四起，同事关系也因考核而变得紧张，不利于公司的日常工作开展。

五、企业领导不支持，人力资源部门孤掌难鸣

在家族企业中的绩效管理中，人力资源部扮演着非常重要的角色。绩效

考核作为企业管理中的一项核心工作，执行过程必须得到企业高层在政策和资金上的大力支持，以及各部门的全力合作。有一些部门经理存在认识上的误区，以为绩效考核是人力资源部管理的事情，跟部门经理没有一点关系，于是就抱着“事不关己，高高挂起”的姿态，冷眼看人力资源部自唱自和。

当然，为了得到企业各层级的全面支持，人力资源管理者要熟悉各个部门的业务流程，通过沟通，获得相关部门负责人的大力协助。要让这些部门经理认识到，绩效考核是为了提升员工的工作效率，受益最大的是部门领导。

六、没有完善的制度支持，绩效管理方案难以落实

绩效考核是一项系统的管理工程，能否成功地实施，能否收到良好的效果，关键在于实施绩效考核的方法是否科学、合理，是否有相应的绩效考核技术作为支撑，企业是否提供了相关配套措施。

绩效考核不仅要有明确的目标导向，还需要有人力、财力投入，企业也要完善的培训机制、监控机制、反馈机制。

家族企业没有完善的培训机制与监控机制，绩效考核方案往往难以有效落实。在企业家看来，制定绩效考核方案所花费的成本是最低的，而员工培训和监督却要花费一大笔资金，家族企业老板稍一算账，就感到不划算了。所以，企业家舍不得掏钱，自然减少了员工的培训力度，绩效考核方案也就成为一种摆设了。

家族企业要提升管理水平，进行现代企业管理，就必须导入科学的绩效考核技术。而家族企业自身的体制问题，以及人力资源管理上的种种弊端，导致家族企业很难走出绩效管理的困境。

如何确保绩效考核落地执行

家族企业人力资源部的一项重要工作，就是实施绩效考核。绩效考核能

否规范化操作，决定了企业能否走上规范化发展的道路。绩效考核的成功实施，无论对家族企业还是员工，都具有十分重要的意义。为了保证绩效考核实现预期目标，就必须注重绩效考核的落地执行。

一、进行绩效考核需要循序渐进

家族企业因为自身管理水平有限，往往会聘请管理咨询公司帮助设计绩效考核体系。要知道，绩效考核体系的设计，不是简单地设计几个考核项目表格，而是一个复杂的管理系统，是基于企业战略的一种管理活动。在绩效管理体系设计的过程中，需要对企业战略、工作目标、员工素质进行充分的考量，才能有效激励员工努力工作，最终实现企业的战略与目标。

很多家族企业为了避免内部的冲突与矛盾，实现绩效考核的客观、公平与公正，极容易陷入求全责备的误区。还有些公司追赶时髦，盲目引进绩效考核工具，制定不符合企业实际的绩效管理制度，设计了大量不实用的绩效考核表单，导致绩效考核难以执行。

所以，家族企业必须清醒地认识到，绩效考核的设计，必须遵循循序渐进的原则，抓住企业发展过程中的主要矛盾；绩效考核工具不要一味追赶时髦，简单适用的管理工具才是最能产生良好效果的工具；绩效管理制度尽量避免长篇大论，要做到简明扼要；绩效考核表单不是数量越多越好，要根据企业实际情况来设计，同时要有一定的柔性；绩效考核流程要有一个清晰的路线，沿着这个路线，每个部门管理者都能准确地实施绩效考核。

二、绩效考核过程中要重视沟通

绩效管理中，沟通工作非常关键，也是家族企业最容易忽视的问题。领导与员工之间的沟通，考核者与被考核者之间的沟通，不仅仅是针对工作完成情况的核实，也不是为了绩效评分进行争辩。企业重视绩效沟通，就是要在实施绩效考核的过程中，加强对员工的管理，并且让员工理解企业考核的目的和期望，促进管理者与员工之间的相互理解和信任。

专家点拨

绩效管理注重绩效实现的过程，而不是对考核结果的鉴定。沟通必须贯穿绩效管理的全流程中，渗透到各个环节，包括目标的制定与分解、绩效指标的设计、绩效评价的标准与流程、日常工作中的指导等。

三、绩效量化是手段，不是目的

家族企业实施绩效考核时，对产量、利润、成本等指标进行量化，能够很客观地反映绩效的成果，也能体现出员工之间的绩效差异。

但在实际的考核过程中，还是遇到很多难以进行量化的指标。比如员工的能力与态度，这时，考核者就要采用主观打分的方式进行评价。对于一些难以获取的企业数据，企业先不要以量化的指标进行考核，应该先建立数据监测和获取机制，等到能够及时准确地获取这些数据时，问题就迎刃而解，也能够以量化的指标形式进行评价。另外，有些指标本身可以量化，但量化的成本非常高，而且实施量化的意义不大，也没有多大的企业战略价值，就可以采用间接量化的方式进行评价。

案例

绩效考核如何走出“沼泽地”

柏明顿有一个典型客户，是行业内知名的电子公司，生产多种电子产品，并积极拓展非洲市场，企业规模也越做越大。但是这家公司在绩效考核方面存在很多问题：各部门、各级岗位职责要求不具体、不明确；部门及员工之间缺乏横向沟通、协作；缺乏定量的绩效考核管理工具，无法进行量化管理；薪酬制度缺乏激励性，干多干少拿的一样多；不同岗位薪级定在多少没有科学合理的方法，人为主观因素在薪酬设定中占的比重大。

对此，柏明顿的顾问师提出了解决方案：

- 根据公司实际情况，辅导其进行组织架构调整和岗位说明书编写，明确各个岗位的职责。
- 根据新的岗位说明书及各部门、各岗位的责权设计新的绩效考核体系。
- 通过岗位评价，结合考核重新设计管理人员的薪酬体系。

在这个方案实施的过程中，通过讨论、讲解，我们对出现的问题及时给予解决，通过一段时间的试运行，纠正了一些参数，修改了若干绩效考核指标，并对相关人员进行了操作培训，最终使公司的绩效考核体系和薪酬体系紧密配合起来。

方案实施后，该公司的组织结构得到了优化，责权利相当明晰，各部门扯皮的现象大大减少，各部门、员工之间沟通、协作的能力得到加强，工作积极性大大提升，企业业绩得到较大改善。

专家点拨

绩效考核指标，不能为了量化而量化，量化只是一种管理手段，而不是绩效考核的目的，绩效评价的最终目的是服务于企业战略与目标。

四、绩效考核要客观考评，避免人情因素

家族企业十分重视人情关系，在绩效考核的过程中，很多管理者往往碍于面子，不能客观地评估员工的工作业绩，使绩效考核难以准确地反映员工的工作情况，久而久之，必然导致绩效考核变为人情关系的考核，人情的关照使考核失去了实质意义。

因此，家族企业在进行绩效考核时，必须要制定一个客观公正的标准，用统一的标准和制度来约束全体成员的行为，才能形成客观、公正的绩效考核机制。

五、绩效考核要有针对性，避免一刀切

绩效考核的内容和对象要有针对性，避免缺乏公平性的一刀切。公司各个部门、各个职位的衡量方式是迥然不同的，如果一刀切，只会引起员工的反感，也难以实现绩效考核的价值。所以，家族企业要建立一套有针对性且行之有效的绩效考核制度，将各个部门的岗位职责、产生的经济效益进行量化。

案例

绩效考评，想说爱你不容易

柏明顿在江门有一家客户，是一家生产运动鞋的家族式企业，10 年来在老板李总的领导下，年销售总额已达近 5000 万元。但是，随着销售额、生产规模和企业人员的不断增加，企业所暴露出来的问题也越来越严重。

- 业务人员不满当前的待遇，比如公司的“销售冠军”及其销售团队集体上演“消极门”，明确地向李总提出增加提成比例的要求和其他附加条件。
- 人力资源管理混乱。后勤管理部门人员纪律松散、家族成员占据着管理位置。虽然接连换下了三任行政总监，但效果不大。
- 产品质量监督缺位。生产部门因工资、福利等问题，导致员工满意度下降，频繁出现品质不良、成本上升、产量下滑等问题。

李总在综合分析了以上现象之后认为，上述问题均为企业的绩效管理与激励机制不完善所致，于是请猎头公司物色了一个专长于绩效考评的绩效专员进入公司总经办，开始全面推行绩效管理新模式。

半年之后，生产厂长、行政总监、营销总监正式向李总递交了辞职报告，他们辞职的一致理由是“不适应公司目前的绩效管理制度”；一周后，负责绩效考评的绩效专员也向李总递交了辞职报告，理由是“不适应公司的文化和

工作氛围”。

后来，李总聘请柏明顿公司帮助他解决这一难题。

柏明顿的顾问师深入调查后，了解到李总对问题的判断方向基本上是正确的，但他把绩效考评看得过于简单了，在不了解企业绩效考评的基础和原则的情况下盲目推行，不但不能解决企业的现实问题，反而产生了上述严重的负面结果。于是，顾问师为这家公司提出了如下建议：

第一，营造团结协作的企业文化。引进一个新的管理制度，首先需要打破原有的制度体系，打破旧的利益分配模式。无论绩效考评能给企业或员工带来多少实际利益，企业都必须营造出绩效考评的推行“气势”和实施“氛围”，从战略的高度取得员工的支持，从意识形态上改变员工的思维，从利益相关者的角度理解员工的立场。

第二，设计科学合理的绩效考核方案。家族企业在引进绩效考评之前首先需要考虑的是“实施什么”而不是“如何实施”。对企业战略目标进行评估、对企业组织文化进行识别、对绩效考评的核心指标进行选择之后，才可能制定出科学合理并适合企业的绩效考评方案。

第三，认真执行考核制度并及时反馈。企业选择正确的考评方案之后，就必须加强执行力度，注重检查和反馈。只有在执行、检查、反馈都确保畅通的情况下，绩效考评的战略效果才能充分体现出来。

如何让绩效考核实现多方共赢

绩效考核是人力资源管理中占有重要地位的模块。因为绩效考核连接着家族企业的老板、中层经理、普通员工，如果考核的方法不得当，极有可能造成三方人员的对立。所以，家族企业的绩效管理，遇到的阻力很大，实施起来是较为困难的。

很多企业家意识到了绩效考核的重要性，因此也要求人力资源部设计开发一套绩效考核体系。但由于一些人力资源管理从业者缺乏丰富的理论知识和实践能力，因此很难设计出一套符合企业需求的绩效考核方案。所以，经常看到的是企业老板的叹息、中层经理的抵触、员工的怨声载道。

案例

绩效考核惨遭失败

有一个生产建筑涂料的家族企业，对"末位淘汰制"非常重视，把它作为绩效考核的核心利器，并推出一系列时髦的考核制度。每月对员工进行考核，并且根据员工淘汰的比例，每个部门给员工强行排队，即优秀员工占部门人数的10%，合格员工占部门人数的80%，不合格员工占部门人数的10%。根据这个近乎苛刻的考核制度，考评不合格员工的当月绩效工资被扣除，用来奖励当月考核优秀的员工，连续三个月考核不合格的员工会被强行除名。

"末位淘汰制"推行半年，变成了流于形式的坐庄制，结果是员工怨声载道，部门经理不满意，公司领导也不满意，而大力倡导这项考核制度的人力资源部经理，最后也成了考核制度失败的牺牲品，被迫离开公司。

柏明顿的顾问师认为，这家公司的绩效考核之所以惨败，主要是因为：

第一，企业实施绩效考核时，没有能够与企业战略目标结合在一起，没有将企业目标分解到部门、再从部门分解到个人。

第二，绩效考核的目的不明确，考核项目没有结合部门的业务运作。业务部门把绩效考核视为额外负担，甚至抵制绩效考核。业务部门的经理们不参与绩效指标的提炼，不与员工共同设定员工的绩效目标，没有业绩辅导，没有考核面谈，只是非常被动地填写由人力资源部设计的考核表格而已。

第三，绩效考核的基础不牢固，缺乏优秀的企业文化作为支撑点。企业高层不参与绩效考核，绩效考核似乎只针对员工，是给员工进行强制末位淘汰或只是发奖金用的。企业必须高度重视和推动绩效理念在企业中的全面渗透，必须以优秀的企业文化作为基础。

一、绩效考核为何与企业的初衷背道而驰

很多家族企业导入了一套看似科学、合理的绩效考核制度，可是在实施的过程中，不是出现这样的问题，就是遭遇那样的抵制。人力资源部辛辛苦苦制定出来的绩效考核方案，却被员工视为“猛虎”。企业的绩效考核为什么这么不受欢迎呢?

第一，人力资源部门在设计绩效考核方案的时候，没有考虑企业的成本开支，这不仅包括运营资金的投入，还包括人力成本和时间成本的投入。

第二，实施绩效考核方案，没有预先与各部门协商，导致部门之间产生矛盾与误解，致使绩效考核难以实施。

第三，绩效考核没有从企业的发展实际出发，而是照搬资料或其他企业的做法，盲目实施。

第四，只是对员工进行绩效考核，没有对高层次的经理人进行有效的考核。家族企业要做好绩效考核，就要从老板开始考核。老板是最高管理者，他的错误决策，将会严重影响整个公司的业绩，比一个普通员工出现错误的代价高昂得多。

第五，绩效考核只看重考核表格的数量，没有注重考核项目。考核表格只是形式，应当注重考核项目，考核项目要与员工的技术能力和企业效益紧密结合。

第六，企业的文化环境、管理制度等，对绩效考核的影响很大。如果仅仅是参考别人的考核方案，很难实现绩效考核的作用。

二、绩效考核如何实现共赢

第一，家族企业老板必须要转变观念，主动学习先进的管理方法。有的企业家认为，绩效考核就是对优秀员工进行奖励，对不合格员工进行处罚。这只是低级的管理方式，很难起到有效激励员工的作用，反而会在企业内部

制造恐慌气氛，造成人际关系紧张，员工担惊受怕，自然厌恶绩效考核。

专家点拨

老板要从企业的战略目标出发，站在更长远的角度考虑企业的绩效考核，必须从企业实际出发，引入适合企业实际的绩效考核体系，并身体力行地进行宣传和指导。

第二，中层经理作为绩效考核的主导者，必须要提升自身的管理能力。企业可以对部门主管加强绩效管理的培训，让他们明白，企业实施绩效考核，不仅能给部门、员工带来好处，同时对部门主管也有很多好处。培养中层管理者的人力资源管理意识，让他们通过绩效考核找出工作上的漏洞以及自身的缺点，促进管理者与普通员工之间的沟通。

第三，员工必须以认真负责的态度对待绩效考核。家族企业实施绩效考核，提供了一个与上级、与公司互动沟通的平台。如果这个考核的平台具有公平和激励性，将会促使员工积极提高工作绩效，努力追求加薪或晋升的机会。

第四，作为绩效考核方案和体系的设计者和推动者，人力资源部门要充分考虑企业的战略目标，协调企业老板、中层领导、普通员工之间的关系，以三方共赢为出发点，提高企业的效益，提升员工的能力。

“8 +1”绩效考核量化技术与案例

在多年的人力资源管理咨询实践中，笔者认为在绩效考核的多种方式中，比较实用的就是目标管理法中的绩效量化的方法，也就是“8 +1”绩效量化技术。在笔者的两本专著《8 +1 绩效量化技术》和《8 +1 绩效量化案例精选》中，都有着详细的阐述。如果能够按照量化绩效的 8 个要素分解目标和提取考核指标，并尽可能地变成一种管理模式，那么人力资源管理水平就会上升到一个新台阶。

“8 +1”指的是量化绩效考核所需要的8个要素和1张表格。这8个要素是紧密相连，不可分割的，缺少任何一个，量化的绩效考核就很难维持下去。此外，量化绩效考核还需要一张计划表，因为绩效考核是和目标相挂钩的，如果目标不能清晰地表述，那么考核就无从谈起。在此简单介绍一下“8 +1”绩效考核量化技术的基本概念，有关“8 +1”绩效考核量化技术详细的阐述，感兴趣的读者可以阅读笔者所著的《8 +1 绩效量化技术》一书。

一、绩效量化的8个要素

绩效考核要避免传统考核的不足，就必须从定性走向定量。具体来讲，绩效量化主要有8个要素：归纳考核项目、列出计算方式、界定项目内涵、确定项目目标、权重项目配分、制定评分规则、定位数据来源、区分考核周期。

二、绩效计划表

任何岗位都有完成绩效的标准，但由于绩效标准是建立在事前的，属于计划性的，所以称为“绩效计划”更为合适。有一点要强调，这里所说的绩效计划不只是一个数据或描述性的界定，而是一份完整的计划表格，这份表格应该包括以下8个方面：考核项目、项目的计算公式或统计规则、项目内涵的界定、绩效指标、项目权重分配、评分规则、项目数据的来源、考评周期。

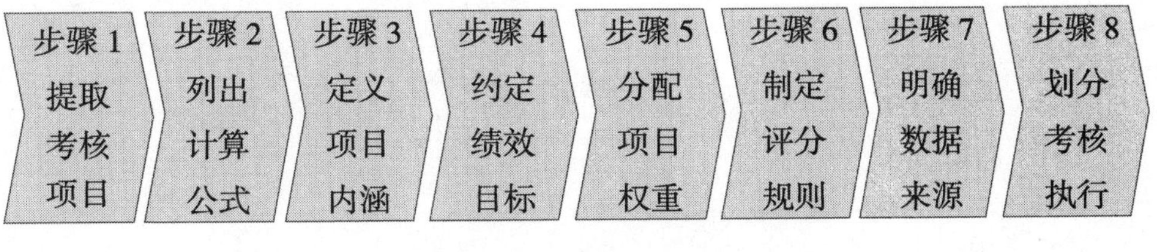

制定绩效计划的8个步骤

对于量化的绩效计划而言，这8个方面缺少任何一方面，绩效管理、绩效考核和绩效改善都是难以操作的。

如果我们按照量化绩效的步骤对一个部门或岗位进行分析，将8步骤串联成一体，就能制定出一个完整的绩效计划表。

广东××食品有限公司　员工绩效计划表

岗位名称：　　　　部门：　　　　责任者：

期限：　　年　　月　　日—　　年　　月　　日

序号	项目名称	计算规则	项目界定	绩效指标	权重分配	评分规则	数据来源	考评周期
1								
2								
3								
4								
5								
6								
7								

“8+1”绩效考核的案例，详见附录。

第七章

薪酬制度的优化设计

家族企业的薪酬设计，考虑最多的是能否体现出公平性、补偿性、透明性原则等，而对整个薪酬设计缺乏科学、合理的战略规划。家族企业在薪酬设计时，必须要抓住薪酬设计上的关键环节，及时走出薪酬管理上的认识误区。

在人力资源管理模块中，薪酬设计是一项非常复杂的工程，它包括薪酬策略和薪酬水平的确定、岗位价值评估、外部薪酬调查、薪酬结构设计、薪酬级幅设计等。

家族企业在薪酬设计时，必须要抓住薪酬设计上的关键环节，及时走出薪酬管理上的认识误区。薪酬设计应与企业的发展战略相结合，按岗位价值而定，而非单一按照行政级别确定薪酬高低。建立一套体现内部公平性和外部竞争性的薪酬体系，才能吸引和留住核心人才，促成企业实现战略目标。

薪酬设计常见的七个问题

很多家族企业，由于自身管理体制上的弊端，以及在人力资源管理方面先天不足，导致在薪酬设计上出现很多问题，矛盾重重。

一、没有依据企业发展战略进行薪酬设计

家族企业的薪酬设计，考虑最多的是能否体现出公平性、补偿性、透明性原则，而对整个薪酬设计缺乏科学、合理的战略规划。

企业的薪酬设计，其实就是为企业的发展战略服务，促进企业战略目标的实现。很多家族企业却没有长远的企业战略，更没有配合企业战略的人力资源战略。薪酬设计要与企业的战略目标相结合，使企业薪酬体系成为企业战略的重要杠杆。只有这样，才能使企业的薪酬制度对内体现出公平性，对外具有竞争优势，能够吸引人才，也能留住人才。

二、没有导入现代薪酬管理理念、方法与技术

家族企业在创业阶段，实行的是家族式管理，企业规模小，员工数量比较少，组织结构简单，薪酬设计和绩效考核也比较简单。企业家能够轻松地监控企业运作，给予员工的薪酬往往随意性比较大，没有一套科学、系统的薪酬递进体系。

随着企业的发展壮大和市场竞争的加剧，家族式的简单管理，难以帮助企业走出体制上的困境。企业严重缺乏现代薪酬管理理念、方法和技术，也没有专业人员出谋划策，提供可以实施的方案。

由于薪酬管理的理念比较落后，一些家族企业把员工的薪酬看成单纯的成本支出，于是为了获取较多的短期利润而忽略了薪酬设计。广东等地曾经出现的“民工荒”，从一个侧面反映出了这一问题。

案例

丰田的薪酬福利

丰田公司在薪酬设计上，一直注重从企业战略和员工的利益出发，使薪酬战略与企业发展战略遥相呼应。丰田的薪酬设计，为企业吸引和留住了大批优秀人才。

丰田的薪酬是公开透明的，目的是让员工明确自己所处的位置，丰田还提供了一个“薪酬文件团队信息库”给员工，让员工为达到更高的薪酬级别而努力。丰田每两年回顾一次自己的薪酬在汽车行业的排名，保持其薪酬待遇的竞争力。

丰田公司的员工薪酬，包括基本工资、绩效奖金与业绩红包三个部分。根据行业工资水平与当地消费水平，每半年调整一次基本工资。绩效奖金是与员工的绩效考核挂钩，绩效分数越高，奖金也就越多。至于业绩红包，管理人员会根据员工的业绩完成情况，给予适当的红包奖励。

丰田的基本工资中，还有重要的一项就是工龄工资。实施工龄工资，可

以留住那些技术过硬的老员工，防止因工资增长过慢导致优秀人才外流。

在福利方面有带薪休假、短期与长期病假、退休计划、提供进修学费、提供灵活工作时间、为员工提供购车折扣、提供无息贷款等。另外，丰田还奖励那些出勤率百分百的员工，在当地体育馆或剧院为他们举办大型晚会，可以享受豪华的晚餐和参与抽奖，奖品最多的达到12辆车。

三、老板拍板决定，薪酬分配上随意性大

家族式管理的特点是，老板的权威大于企业制度。由于企业家比较熟悉各部门的业务流程，常常凭借自己的行政权威和管理经验，以主观意愿来制定企业的薪酬制度。

但是，随着企业的壮大，这种由老板拍板决定的薪酬制度，逐渐显现出弊端。由于这种不规范的薪酬制度缺乏透明度，外来员工根本不清楚薪酬的确立标准。没有确定员工薪酬的合理依据，老板很随意地确定员工的薪酬，薪酬调整也缺乏科学依据，仅由老板“拍脑袋”决定。由于缺乏规范的绩效管理，企业对员工的绩效评价，更多的是凭老板个人的印象和感觉。员工申请薪酬调整，因为缺乏科学的依据，难以得到审批。员工对自己的薪资增长的预期不明确，这就严重打击了员工的积极性和创造性，加剧了企业内部的各种矛盾，也制约了企业朝着健康的方向发展，最终损害的是企业的利益。

四、薪酬的调整没有与绩效考核相结合

在大多数家族企业，由于没有导入科学的绩效量化技术，导致员工的薪酬和绩效缺乏关联度，员工的薪酬变得极具刚性，难以体现出薪酬的激励作用。

在薪酬管理中，必须让薪酬“运动”起来，让员工的薪酬与企业的经营业绩、部门业绩或者个人业绩联系在一起。员工的绩效表现优秀，能够获得与付出相对应的薪酬，才能及时激励员工的积极性和进取心。

如何能够让员工的薪酬“运动”起来？企业可以通过调整工资的等差、职位等级的级差、薪酬总额的计划比例、薪点值、考核系数，形成一套完整的薪酬分配体系，使薪酬与和绩效考核的结果挂钩，避免“干多干少一个样”现象的发生。

五、薪酬结构严重失衡，薪酬激励效果差

家族企业薪酬结构的失衡，主要表现为福利没有引起足够的重视，企业的薪酬体系缺乏足够的灵活性，难以满足员工在薪酬方面的不同需求，无法对优秀员工形成长期的激励作用。另外，人员的薪酬单元组合比例严重失调，在实施绩效考核的过程中，固定工资比例过高，绩效工资比例却过低，难以发挥薪酬的激励作用。

案例

薪酬水平影响人才的去留

柏明顿有一个客户，是一家生产发动机零部件的家族企业。这家公司成立初期，就非常注重管理的规范化和充分调动员工积极性，制定了一套比较科学、完善的薪酬管理制度。经过三年时间的努力，公司的业务大幅度增加，规模也不断扩大，员工数量已经达到百余人。尽管公司进入了良性循环的发展轨道，但因为公司领导层对于人力资源认识不够，企业没有根据业务情况和市场变化对薪酬制度进行调整。

公司领导以为企业规模大了，效益也应该蒸蒸日上。可结果是，整个公司的业绩不断下滑，产品也容易出问题，核心员工跳槽越来越频繁。员工不断流失、员工工作缺乏积极性，使企业遭遇了人力资源危机。

为了挽救企业，在柏明顿公司顾问师的帮助下，对该公司内部管理进行了深入了解和诊断，发现问题出在公司的薪酬体系上：技术骨干的薪酬水平较市场明显偏低，对外缺乏竞争力；薪酬结构不合理，对内缺乏公平，从而导致技术骨干和部分中层管理人员流失。

针对这一具体问题，柏明顿公司的顾问师设计了一套薪酬方案，与企业战略和组织架构相匹配，激发了员工的积极性和创造性，公司发展又恢复了蓬勃生机。

六、没有认识到薪酬体系中的内在薪酬

一些家族企业的老板错误地认为，薪酬就是人民币。其实，广义的薪酬可分为内在薪酬与外在薪酬两个部分。外在薪酬是指企业支付给员工的工资、奖金、津贴、福利等，能够保障员工的生存需要。内在薪酬是指员工从工作中获得乐趣、提升个人的能力、实现个人的价值等，能够使员工的精神、情感获得满足。内在薪酬对于留住核心人才，也发挥着重要的作用。

由于家族企业遵循原始的薪酬管理观念，认为员工进入公司就是为了赚钱，因此，在对员工的激励上，表现得过于俗套。另外，家族式的管理模式，导致外来人才不仅工资待遇低，也难以获得晋升的空间，人格上容易受到侵犯。在这样压抑的环境下，很多高管和创业伙伴离开，不是因为待遇太少，而是因为精神激励的缺失。

七、滞后的薪酬激励，严重打击员工的积极性

很多家族企业老板缺乏激励下属的技巧，即使实施薪酬激励也很滞后，导致薪酬激励的作用大打折扣。如果员工通过努力得到优秀的业绩，却得不到企业的及时奖励，就会极大地挫伤员工的积极性。

同样是奖励，立即实施奖励和几个月以后再奖励，激励的效果和作用差别是很大的，对其他员工的示范作用也大为降低。所以，当员工表现出色，或者做出特殊贡献时，公司管理层必须给予及时的关注，采用灵活的手段，立即鼓励员工的工作主动性和热情。

不要让薪酬成为抱怨的根源

如果家族企业的员工认为薪酬分配不公平，那么员工满意度会降低，久而久之，员工的积极性、进取心都会受到影响，严重的话，会选择跳槽到薪酬分配更合理的企业。

那么，家族企业如何设计公平的薪酬体系，使员工不再为薪酬而抱怨呢？根据笔者多年的管理咨询经验，提出如下几点建议：

一、重视员工的价值，提高员工满意度

家族企业老板应该站在企业战略发展的高度，重视人力资源的工作，认真看待每一个员工的价值。家族企业在制定人力资源战略时，必须秉持以人为本的理念，并在公司的薪酬管理中得到贯彻，逐步提高员工的工作满意度。

二、设计公平而有竞争力的薪酬制度

家族企业的薪酬设计，必须体现出公平公正，才会产生激励作用。家族企业要对每一个职位所要求的技能、工作的复杂程度、工作难度、压力大小等要素进行科学测评，准确衡量职位的价值，依据这些测评结果来确定付酬标准，保证薪酬的内部公平性。

企业为了吸引优秀人才的加盟，必须保持薪酬的外部竞争性，将企业薪酬战略与企业发展战略有机结合，根据不同的工作岗位、人员所创造的绩效，提供差异化薪酬分配权重，充分发挥薪酬的激励作用。对于有特殊贡献的员工，要提供相对应的薪酬待遇，以留住核心人才。对于普通岗位，要根据市场的供求情况，对薪酬进行调整，激励员工的积极性。

案例

薪酬设计要实现市场化

东莞有一家为家电行业提供零部件的企业，其产品一直供不应求，尽管只抓生产不抓销售，企业仍然经营得红红火火。可是前几年家电市场供求关系发生逆转，该企业经济效益持续下降，经营业绩从顶峰跌入谷底。

该企业的主要问题在于：员工劳动观念落后，没有系统的绩效管理制度，企业薪酬的设计与实施没有实现市场化。外部环境变了，公司却保持着惯性，在原来的轨道上行进。如何恢复企业过去的生气和活力？公司领导希望能从内部寻求突破。

专家点拨

员工努力工作，自然是希望获得满意的薪酬待遇。报酬是对人力资源成本与员工需求之间进行权衡的结果。世界上不存在绝对公平的薪酬制度，只存在员工是否满意的薪酬制度。

三、绩效工资要增加透明性

把薪酬和绩效结合起来，福利、培训、精神奖励、晋升等也与绩效考核紧密挂钩，避免“干好干坏一个样”的不公平现象。要让员工参与整个考核的过程，增加透明性，尊重员工的知情权，从而使绩效考核更客观、更公正，这样员工也不会再有怨言，更乐于接受绩效考核的结果。

案例

摩托罗拉的薪酬体系

摩托罗拉的薪酬体系中，员工的薪酬和晋升都与绩效考核紧密挂钩，绩效考核的结果为员工薪酬调整和晋升提供依据。摩托罗拉的绩效考核能够使员工、团队和公司的目标密切结合，员工通过绩效考核，能够明确工作要求、工作重点和对个人能力的要求。为了让员工更明确自己的目标，在制定目标时，主管领导要与员工共同讨论。

在摩托罗拉公司，同一个职位可能会有差距。薪酬与绩效挂钩，员工要获得高工资，只能努力提高业绩。有特殊能力的人，薪水跟国际市场挂钩。摩托罗拉的薪酬体系中，基本工资占的百分比很大，还有年终奖金。

摩托罗拉年终评估在1月份进行，个人评估是每季度一次，部门评估是一年一次，年底对业务进行总结。年底的评估，将决定员工薪水的涨幅，也根据绩效考核的结果晋升或降职。摩托罗拉还挑选绩效优秀的管理精英，到总部去培训学习。

如果员工对自己的薪酬不满，可以向人力资源部提出来，公司会进行市场调查，必要时调整工资水平，以保持薪酬的竞争优势。

“三三制”薪酬设计技术

对于家族企业来说，因为本身封闭的管理模式，影响薪酬的因素很多，人际关系复杂，员工对于薪酬往往比较敏感，在薪酬设计上稍微出现问题，就有可能给企业制造危机。

柏明顿公司在咨询实践中，经常运用一套非常具有实操性的薪酬设计技术——“三三制”薪酬设计技术，结合家族企业的实际情况，帮助一些家族企业建立了卓有成效的薪酬制度。

三三制薪酬设计技术涉及“三大价值导向”、“三大基础工程”、“三大设计技术”（如下图）。在这里，我还是特别强调这样一个观点：薪资总额的多少很大程度上只具有保健作用，即工资总额的多少只会决定员工的去留；而科学的薪资结构及其比例才真正具有激励作用，即员工的薪资是如何构成及构成的比例则决定员工的工作努力程度。如何在金额相同的前提下对员工更有激励作用呢？运用三三制薪酬设计技术，能够很好地解决这一问题。这些内容在笔者的《三三制薪酬设计技术》、《三三制薪酬设计案例精选》中有具体的阐述，在本书中就不一一赘述了。

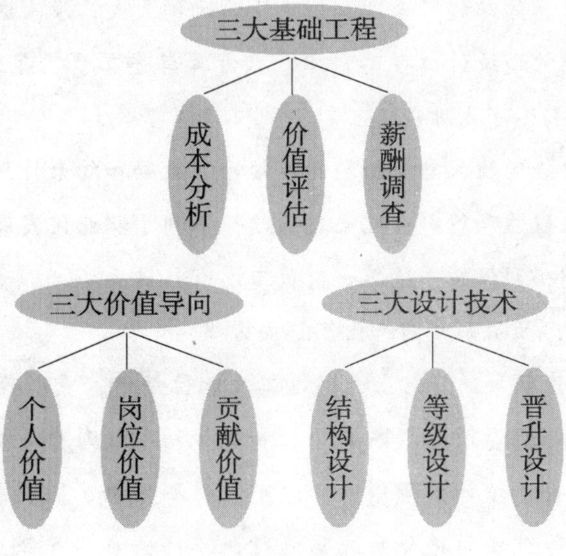

"三三制"薪酬设计

案例

某系统集成公司的薪酬体系设计

某系统集成公司，创建6年来，共有市场、开发、工程、财务、行政等8个部门，3个外地分支机构；100多个员工，其中40%为技术人员；5个股东，总经理是大股东，股份占50%以上；公司骨干成员有十几个，在公司平均工作2年以上。

经过几年的发展，该公司渡过了艰难的创业期，走向较为平稳的发展阶段。公司目前面临的问题是，新老创业者之间存在利益上的冲突，公司技术和管理骨干对薪资福利状况感到不满，甚至有些员工因此而离职，员工的稳定性在下降。公司急需改变现状，于是邀请柏明顿公司帮其进行薪酬体系的设计。

● 柏明顿项目团队通过问卷调查、访谈等形式，发现该公司目前的激励机制存在如下问题：

- 薪酬体系不明朗，年资工资体系、职能工资体系、职位工资体系混乱交叉使用；
- 工资总体结构不合理，固定薪酬比例太大，没有激励作用；
- 薪酬福利统计口径不科学，只计算静态工资，导致人工成本较高，却吸引不了人才；
- 高层经理收入与业绩挂钩不紧密，激励和约束作用小；
- 股东权益和薪酬分配混在一起，不利于职业化发展；
- 短期福利保障手段单一，员工没有归属感。

在此基础上，柏明顿顾问给出了解决方案：

在规范职位说明书的基础上，通过二次职位评估，重新确定了职等结构，并综合考虑该公司薪资理念、内部等级和宽带结构、每个等级和职位的员工数、实际薪酬数据、预计薪酬增长率、市场薪酬数据、固定薪酬及浮动薪酬等因素，使整个等级序列符合系统集成行业市场薪资水平及变化趋势。确保该公司整体薪资状况符合既有定位，保证薪资水平的对外竞争性，并估算该公司的实际承受能力，基本能够达到公司正常年度人力资本预计开支水平。针对公司骨干成员进行递延现金的中长期激励设计。编制薪酬管理手册，包括总则、设计原则、薪酬管理系统的设计流程、固定薪酬设计及分析、新设月薪体系说明、月薪体系调整、业绩奖金体系的建立、业务提成的处理、薪酬维护及沟通等内容。

原来公司一直为研发人员与销售人员互相抱怨贡献与收入不符而头疼，通过实施新的薪酬体系，不仅想要离开的骨干员工收回了辞呈，而且以前离开的不少老员工也陆续返回公司了。算算账，人力成本总额并没有增加多少，但业绩上去了，员工的积极性也提高了。

导入柔性的薪酬计量方法

薪酬设计是人力资源管理的一个非常重要的工具，运用得当，会对员工产生有效的激励，实现企业的发展战略，有利于企业取得良好的经济效益。薪酬设计，需要导入柔性的薪酬计量方法。

柔性的薪酬计量方法主要有如下几种：

- 薪点制：家族企业应根据员工职务、职称、学历、工作年限、业绩、地区差异、职责与工作强度等，确定员工的薪点。
- 计时制和计件制：为了节省成本，合理进行人力资源配置，家族企业可以根据企业的业务量，实行计时制和计件制，灵活地为员工支付劳动报酬。
- 年薪制：对于一些核心人才和职业经理人，为了更好地留住人才，可以采取以工作年限作为主要依据的薪酬计量方法，随着这些人才在企业服务年限的增加而自动加薪。
- 分红制：为了留住人才，家族企业要对核心人才进行有效的薪酬激励，可以以企业管理层或核心管理层为对象实施分红制。家族企业实行分红制，能够更好地留住员工，让员工更有归属感，也更主动地发挥才能，为企业创造更好的业绩。

案例

设计合理的薪酬，留住核心人才

柏明顿在佛山有一家客户，是一家从事塑料生产的家族企业，由于进入行业较早，加上发展前期有政策支持，企业的效益与利润都比较丰厚，薪酬水平在当地很有竞争力。

但高水平的薪酬付出并没有发挥应有的激励效果，员工对薪酬的满意度并不高，公司上下纪律散漫，消极怠工现象比较严重，员工的工作积极性不高，骨干员工不断流失。在薪酬体系上没有体现岗位价值，没有向关键岗位倾斜，以固定薪酬为主，奖金比例较小，并且分配平均化严重。薪酬总额水平很高，但没有与个人绩效挂钩，造成分配不均，挫伤了优秀员工的积极性。消极的工作氛围使得外来优秀人才看不到发展前景，引进的人才在企业待不了多久就大量流失。为此，该企业委托柏明顿的顾问师为其进行薪酬体系规划与设计，希望提高员工积极性，吸引和保留住优秀人才，提高企业竞争力。

通过对企业的调研与诊断，双方在薪酬设计思路上达成一致，即通过职位评估来确定职位的相对价值，根据职位相对价值确定薪酬待遇水平，拉开薪酬档次，同时设置浮动工资与员工的个人业绩表现挂钩；通过改变薪酬结构，体现内部公平性，薪酬政策向核心骨干倾斜，最终目标是吸引、留住和激励核心员工，实现企业长远发展。

专家点拨

在薪酬总额增加不多的情况下，通过薪酬结构的优化，可以提高员工的公平感与满意度，使薪酬真正起到激励的作用。

家族企业如何“玩转”调薪

家族企业适当地对员工进行调薪，将对员工起到积极的激励作用。然而，许多家族企业的调薪并没有发挥出应有的激励效果，人力资源部也极不乐意承担“调薪”的责任，因为每次调薪，都可能使HR经理面对老板的指责和员工的怨恨。

案例

谈到加薪就头疼

东莞有一家生产瓷砖的家族企业，近两年发展势头良好，业绩非常突出，员工也已经达到500多人。但是，每到调薪时，HR经理都被搞得焦头烂额。因为，各部门的经理总是会提交一长串需要加薪人员的名单，而且总会有一大堆的理由给这些人员加薪，HR经理不得不硬着头皮要求各部门经理将加薪名额控制在一定比例内。

有的部门经理比较听话，就将加薪的名额按照要求做了调整，而有的部门经理却直接将报告递到了总经理的面前，总经理往往不会拒绝部门经理的“充分理由”，签字同意又交回人力资源部办理。这就将HR经理推到了绝境，没有加薪的部门说人力资源部欺软怕硬；加薪的部门说人力资源部是拿鸡毛当令箭，滥用权力；总经理反过来也责备人力资源部薪资总额控制不利，几乎超过了企业业绩的增长速度。

企业对员工进行调薪，必须具有调薪基础，人力资源管理者也要掌握调薪的策略与方法。

一、科学的调薪要制定依据和标准

很多企业对员工进行调薪难以取得良好的效果，是因为缺乏科学的调薪基础，企业必须找出员工调薪的依据和标准，根据企业的发展状态、员工的绩效情况，有理有据地进行调薪，才能体现出公平性和科学性。

1. 建立人工成本分析机制

很多家族企业的老板都非常关心企业的人工成本是多少，总希望建立起企业业绩与人工成本总额挂钩的机制，以便充分发挥人工成本的激励作用。

企业必须建立人工成本分析机制，这是实现以最小人力成本获得最大收益的有效手段。人工成本分析的方法通常包括历史数据推算法、损益临界推算法和劳动分配推算法。最常用的公式是：人工成本率 = 当期总人工成本/当期销售额。

2. 调薪必须以企业薪酬总策略为导向

企业的调薪策略，必须建立在企业薪酬总策略的基础上，综合考虑人才市场供求因素、员工综合素质和薪资调查结果等因素。如果企业想保持有竞争力的薪酬策略，就要保证核心员工的薪资水平绝对高于市场水平；如果企业实行的是市场对应策略，就要保证核心员工和稀缺人才的薪资水平处于市场中上水平；如果企业实行市场跟随策略，就要保证核心员工和市场稀缺人才薪资水平处于市场中等水平。

3. 建立决定员工薪资的价值源

家族企业为员工调薪，必须了解员工薪资的价值源。这些价值源主要包括四个方面：一是个人价值，即员工的学历、专业、职称、工龄、能力、素质等；二是岗位价值，即这个岗位本身能够创造出来的业绩，由岗位的职责决定；三是绩效价值，即通过绩效考核的评估，判断员工对企业的贡献；四是市场价值，即根据人才市场供求关系，确定某种人才的价值。

二、调薪过程要规范运作

由于家族企业中人情关系重于企业制度，调薪时最大的困扰就是“人情”因素。家族企业如何平衡这种人情关系？如何公平合理地处理好员工的调薪？这是对企业管理者管理水平的一大考验。

1. 在调薪之前，必须进行多方面的沟通

人力资源部在公布调薪政策与方法之前，首先要将年度的调薪政策、策略、额度、比例及调薪的依据等向老板汇报，争取获得企业老板等管理高层的认可和支持。在实施调薪的过程中，做到客观中立、按规则办事、明确

授权。

2. 通过会议，公开宣布调薪规则

通过会议宣布调薪计划，可以引起各部门负责人的关注。在调薪前期，可以安排由老板参加的调薪碰头会议，人力资源部经理重点强调调薪的策略与政策、调薪的理由、金额、调薪的流程与注意事项等，并请企业老板当众表态，严格要求所有员工按照相关制度执行。

3. 调薪报告要提交书面依据

为了避免将来闹起纠纷，也避免相关人员违规操作，员工的调薪建议必须以书面形式进行报告。报告的内容包括调薪策略、调薪规则、调薪比例、调薪原因及分析报告、调薪具体方案及调薪各项活动的时间进度表等，另外，还要注明调薪的岗位及人员，调薪的依据、证据以及特殊情况说明等，由各部门负责人负责填写、签字。

4. 提高主管部门的责任和义务

员工的调薪，是多部门相互协调和合作的过程，部门主管常常以为调薪是人力资源部的事情，没有把调薪工作当成自己的责任和义务。如果部门领导者缺乏与员工沟通，员工缺乏必要的知情权，将会导致员工不满和抱怨。因此，人力资源部要与部门主管沟通，让他们明白在调薪工作中应该承担哪些职责。

5. 设立投诉渠道，及时处理员工的意见

一些员工的薪水变化大，一些员工的薪水变化小，很容易引起员工的不满，感觉企业偏心，没有对每个员工公平、公正对待。如果员工产生这种情绪，很容易产生跳槽的想法。

因此，企业必须通过投诉申报的制度明确规定，接受员工关于调薪方面

的投诉，及时对员工的投诉进行合理的处理，并及时地反馈。每年调薪的时候，人力资源部首先要说明调薪投诉的渠道及事宜，做到有备无患。

股权激励：企业的“创富机器”

美国《财富》杂志的数据表明，20世纪末，在美国排名千位之前的公司中，有90%对管理人员实行了股权激励。在中国我们也看到了很多股权激励的例子。股权激励成为企业的创富机器，它就像一副充满诱惑力的金手铐，“铐”住企业核心人才，使员工与老板同心协力，共同做大企业的“蛋糕”。

企业运用股权激励这一“创富机器”，造就了很多现实版的财富神话。美国苹果公司的史蒂夫·乔布斯是“一元CEO”，但他手中握有企业的股权期权，他的薪酬更多地取决于手中股权的价值。因此，他更卖力地工作，让“苹果”重新“红”起来，企业发展的同时，他也成为亿万富豪。可见，适时地引进股权激励，能够极大地激发职业经理人的工作激情，加快企业战略目标实现的步伐。

一、企业如何成功推行股权激励

推行股权激励，关键在于能够产生“财散人聚”的积极效用，规避“财散人散”的悲剧发生。笔者在总结大量股权激励咨询项目的基础上，认为企业必须勇闯三关。

第一关：意识决定未来。企业常常面临一种潜在危险，就是高管带着工作团队集体跳槽，这对企业的打击可想而知。所以，企业要打破传统激励模式的思维障碍，尽快掌握一些股权激励工具，防微杜渐。

第二关：思路决定出路。有卓越的思路才能让企业更好地突破发展瓶颈，外部专家的介入能够让企业少走弯路。通过一些培训，能够现场掌握股权激励的核心工具，现场生成自身企业的股权激励方案。

第三关：应用决定成败。也许你的企业在准备上市或者已经上市，希望能让一帮老功臣分享公司的成果，但你对导入股权激励机制还存在很多疑惑。这时，你就有必要借助外部的资深顾问团全程进驻，结合企业实际设计股权激励制度，并指导应用。

二、导入股权激励9D模型

股权激励实践中，经常会有这样的困惑：有的企业准备进行股权激励，却不知股权怎么给；有的企业给了股权，却没有留住人才；有的企业留住了人，却没有真正形成一条心；有的企业准备实施股权激励，员工却不愿意接受。

为什么会有如此多的问题呢？因为股权激励是一项系统的工程，如果只是简单地给股权，而忽略给股权之前的设计和给股权之后的沟通，股权激励是难以达到预期目的的。因此，为了确保股权激励的作用，首先应该设计一个科学、合理的股权激励计划，在这方面，9D模型就显得尤为重要了。

股权激励9D模型，是设计股权激励计划的一套十分简洁、实用的方法，其核心内容就是确定激励计划中的9个关键要素，即：

（1）定目的

实施股权激励，是为了吸引并留住优秀员工，还是为了调动员工的工作积极性，抑或是为了“换血”求平衡，这个目的必须弄清楚，只有明确了目的，才能够做到有的放矢，才能够确定合适的激励模式和激励对象等因素，进而保障股权激励计划的顺利实施和效果。

（2）定对象

“定对象”即确定股权的激励对象。《上市公司股权激励管理办法》规定：激励对象可包括董事、监事、高级管理人员、核心技术（业务）人员，不应当包括独立董事。国资委规定：国有控股公司股权激励的对象原则上限于上市公司董事、高级管理人员以及对上市公司整体业绩和持续发展有直接影响的核心技术人才和管理骨干。

（3）定模式

股权激励的模式和方法多种多样，且每种模式的作用机理、激励效果和适用性也各不相同，所以在具体的应用中，企业应根据自身的客观情况和实际需求，选择适合而有效的股权激励模式。

专家点拨

股权激励制度在国外被誉为公司送给经理人的一副“金手铐”，这一比喻形象地说明了，股权激励制度对经理人可以产生既激励又约束的双重作用，它对企业的长远影响也是非常积极和正面的。

（4）定数量

“定数量”即确定授予股权的数量，它包括股权总量和个量。

股权总量指可以用于股权激励的股权的量占总股本的比例，它与企业总股本的大小有密切关系。虽然不同行业、不同规模、不同发展阶段的企业的授予股权总量有所不同，但总量一般不得超过公司股本总额的10%。

股权个量就是每一个激励对象获得的股权数量。通常，任何一名激励对象获授的本公司股权累计不得超过公司股本总额的1%。

（5）定价格

“定价格”就是指确定股权的行权价格，这个价格不宜过高和过低，一般等于、低于或高于授予日当天股票的市价，但差额不是很大，通常在10%以内。

（6）定时间

“定时间”就是确定激励计划中的时间安排，包括：股权授予日、有效期、等待期、可行权日及禁售期等。通常，股权授予日与获授股权首次可以行权日之间的间隔不得少于1年，并且需要分期行权；期权的有效期一般在5~10年之内；等待期一般在3年以上。

(7) 定来源

所谓的“定来源”，指的是确定股票的来源和购买股票的资金的来源。

用于激励的股票，其来源一般有3种：发行股票，回购本公司股票，以及采取法律、行政法规允许的其他方式。

资金的来源一般有如下几种：激励对象直接出资、激励对象工资/奖金/分红抵扣、企业资助等。

专家点拨

任何一个工具和方法都是一把双刃剑，有好的一面，也就有坏的一面，用得好会效用无穷，用得不好会受其损害。股权激励也不例外。所以，在设计股权激励计划的时候，一定要充分考虑企业的战略、文化和业务，设计出系统、有针对性和易于操作的方案。

(8) 定条件

这里所说的“定条件”，是指确定股权的授予条件和行权条件。

授予条件是指激励对象获授股权时必须达到或满足的条件。它主要与激励对象的业绩相关，只要激励对象的业绩考核达到了要求，企业就授予其股权，反之就不授予。

行权条件即指激励对象对已获授的股权行权时需要达到的条件。它需要激励对象和公司的资格都合乎要求时才可行权，否则行权终止。

(9) 定机制

股权激励计划的设计实施是一个系统的工程，在设计好以上8个要素后，还应制定一系列与之配套的管理机制，包括激励计划的管理机制、调整机制、修改与终止机制，等等，以确保股权激励计划的顺利实施。

案例

股权激励带来的效益

湖南电广传媒有限公司对公司经营管理者的薪酬采用“基薪收入＋年功收入＋奖励股票”的股权激励模式。基薪收入每月固定发放，年功收入和奖励股票资金从公司税后净利润中，根据公司考核后的年度业绩系数按一定比例分段计提。其中，年功收入和奖励股票的资金比重分别占计提资金的30%和70%，年功收入依照税法完税后立即兑现；奖励股票则由公司根据计提奖金确定股票数量，按照比例分配至个人，并统一委托券商或其他中介机构以被奖励的个人账户在二级市场购买公司股票并锁定，购买时间规定为公司每年公布年报1个月之后2个月之内分两次购买。公司进一步规定奖励的股票只能在经营管理者离职或卸任半年后方可在二级市场中交易。

股权激励的具体条款由薪酬委员会拟定，薪酬委员会对董事会负责，成员由公司部分董事、监事和外部专家组成；执行委员会为股权激励的执行机构，由董事会授权董事会秘书处或者财务部担任。

电广传媒的股权激励只涉及公司的高层经营管理者，包括董事、监事、总经理、副总经理等，以后会逐步扩大至中层骨干，同时股票的变现时间也可能重新调整。另外，奖励的股票在整个电广传媒流通股中所占的比例很小，而且奖励的股票数量不一定逐年增加，因为如果公司业绩没达到预期目标，还将扣除部分股票。

要用明天的利润激励今天的员工，用社会的财富激励自己的员工。适时地导入股权激励这一“创富机器”，就有可能把你的企业建设成中国一流，世界一流！

第八章

变文化软肋为文化软实力

家族企业文化是以家族成员的利益为重，对外来人才缺乏人文关怀，很多都是企业家的个人观念和管理方式的总结和提炼。这样的家文化缺乏感召力，外来员工也难以融入这样的家文化里，外来员工面对的是“文化沙漠”。

现代企业的竞争，已经逐渐从单纯的产品竞争，转向更深层次的文化理念的竞争。企业文化在一定程度上，成为决定企业兴衰的重要因素，成为企业核心竞争力的有力保障。家族企业要高度重视建设优秀的企业文化，才能不断增强企业竞争实力，从而在经济全球化的竞争浪潮中，处于不败之地。

企业文化的形成，不是一蹴而就的，要靠企业长期的精心培养和建设，要从理念到行动、从口头到书面，要得到员工的认可和理解，转化为员工的日常行为。

专家点拨 >>

说起企业文化，很多家族企业的老板以为就是“以人为本”、“为客户创造价值”、“求实、创新、求发展”等口号。有的甚至把政治口号当成企业文化用，有的把这些口号贴在公司的墙上、立在地上、印在自己的企业内刊上。这只会让人觉得空洞乏味，粉饰味太重！

<<

“家天下”文化的具体表现

前面我们讲过，家族式管理是我国家族企业的管理模式，也是最为普遍的文化样式。家族企业里有很强的上下等级观念，企业领导有至高无上的权力，集管理权和所有权于一身。家庭成员与外来员工矛盾重重，互相抵触和不信任，使得外来人才大量流失，严重干扰了企业的经营秩序，影响了企业的发展速度。

家族式管理制度下的企业文化，对企业产生的危害也是很明显的。首先，造成家族企业过于依赖创业者的个人能力与魅力，一旦创业者出现决策失误，将会把企业带入万劫不复的境地。其次，家族成员为了自身利益，严重损害外来人才的利益，剥夺了外来人才的发展空间，也不注重培养下一代接班人的能力，比如遇到人才集体跳槽等，家族企业将难于抵制这些危机，甚至造成企业的破产。可见，“家天下”的专制文化，已经严重影响了接班人完成文化和团队的对接，阻碍了企业的健康、快速发展。

那么，“家天下”的企业文化，具体表现形式是怎么样的呢?

一、企业老板高度集权

家族企业领导独断、权威、事必躬亲，企业家过于集权，导致员工产生一种按老板的指示行事的心理态势。由于家族成员占据着重要的管理位置，家族利益和企业利益高度一致，大家为着共同的目标而努力，所以家族企业容易协调各部门的关系，政令通达，易于控制与管理。由于企业家过于集权和专制，导致家族企业的文化形式表现为独断、权威、事必躬亲。

二、家族企业信奉“家族至上”

在家族企业中，家族利益永远高于一切，创业者更多的是追求家族的兴旺、发达和荣耀。实现家族利益的最大化，维护家族的荣誉，极大地激发了创业者和家族成员的成就动机。由于有着共同的家族利益，在文化内涵上，表现为家族成员相亲相爱、相互帮助和扶持、同甘共苦，一起为企业的发展壮大而打拼。家族成员都在企业中担任重要的职位，掌握着企业的核心秘密，由于家族利益和企业利益高度一致，他们会严守秘密，家族成员的和睦和信任，能够降低企业的管理成本。

三、对外来人才缺乏信任

前面提到，与家族成员之间的信任形成强烈反差的是，家族企业对外来人才十分排斥，缺乏必要的信任。企业老板往往会把员工划分为“自己人”和“外人”两个圈子，只信任家族成员，而疏远外人，弱化了外来人才对企业的归属感和凝聚力。

四、子承父业的接班人制度

当家族企业发展壮大，创业者到了退休的年龄时，一般都以嫡子继承家业。因为家族企业需要维持家族的延续，儿女就要传承父辈的事业。如果企业的所有权和经营权落入外来人员的手中，将面临家族成员的指责。

五、凝聚力与离心力共存

家族企业创业初期，家族成员彼此信任，同舟共济，有着一荣俱荣、一损俱损的创业信念，大家都共同追求家族利益，因此可以暂时放弃个人利益，不怕苦，不怕累，不计个人得失，拧成一股绳，形成强大的凝聚力，促进企业的发展。

但企业发展到一定阶段以后，靠亲情进行分配的机制，就显现出它的弊端。由于缺乏科学合理的分配制度，容易导致利益分配不公。家族成员为了追求各自的利益，就会形成不同的利益群体和家族派系，企业内部形成明暗、软硬对抗，矛盾不断增多、激化，离心力加大，使家族企业陷入困境，甚至因此而瓦解。

家族企业的文化软肋

很多家族企业面临管理、人才、技术方面的困境，而要彻底摆脱这些困难，就要从企业文化着手，大刀阔斧地进行企业文化创新。下面我们具体分析家族企业文化有哪些软肋。

一、家族成员的利益纷争无休止

1. 家族成员纠纷与矛盾逐步增加

由于在家族企业中，利益分配很难做到公平、公正，有时候也很难得到大多数家族成员的认可，家族成员满意度会不断降低，纠纷与矛盾也将增加，企业也面临动荡。

2. 接班人之争

家族企业中实行的往往是子承父业的接班模式。家族成员的继位之争，也使亲情关系面临挑战。当对继任者不满、或对其能力不信任时，有些家族成员就开始撤出自己的股份，或者拿着企业的核心技术、品牌、销售网络等，自立门户重新创立一家企业，成为原企业最强劲的对手，甚至有些核心家族成员为了一己之利，出卖企业的商业机密。家族企业核心资源的分散、流失，企业内部人力资源的分道扬镳，都将给家族企业带来致命的灾难。

二、优秀人才很难融入企业

由于家族企业文化是以家族成员的利益为重，对外来人才缺乏人文关怀，导致企业人才流失严重，尤其缺乏技术创新的人才及职业经理人。家族企业文化，很多都是企业家的个人观念和管理方式的总结和提炼。这样的家文化缺乏感召力，外来员工也难以融入这样的家文化里，外来员工面对的是“文化沙漠”。因此在家族企业文化建设过程中，必须吸引外来员工的积极参与，重视人力资源管理工作在企业文化中的重要作用。家族企业只有形成以人为本的文化氛围，才能留住人才。

专家点拨

家族企业吸引员工积极参与企业文化的制定，才能保证企业文化具有凝聚力，也只有员工的全程参与，才能使企业上下全面准确地理解企业文化中的价值观。

三、生产“山寨”产品，缺乏创新和开发能力

家族企业不注重培养研发人才，缺乏知识创新、技术创新、管理创新，缺乏品牌意识，这严重制约了家族企业参与更高端的竞争。

家族企业要想提升企业的竞争优势，必须在观念创新的基础上，进行技术创新、知识创新、管理创新，引入品牌意识。针对国内外市场竞争环境，适时地调整、创新和变革企业的制度和经营策略，才能保证企业的进一步壮大。

案例

比尔·盖茨缔造了微软文化个性

微软的成功创业，离不开其团结奋进的管理团队。

微软很注重团队文化，能够把那些个性很强的PC程序员团结在一起，招聘新雇员后，既能让他们灵活机动，保持思想的独立性，也能够从有经验的老员工那里学到丰富的管理经验。培训项目比较现代化和具有针对性，严禁耍“政治手腕”和搞官僚主义。经理人员很关心属下员工，从而使大多数雇员认为微软是最适合工作的场所。这种团队文化极大地提升了员工的工作积极性。

微软非常重视创新精神，公司不断进行产品革新，在科技研发方面不时有重大突破，使竞争对手难以跟上微软的创新步伐，自然也难以对微软构成威胁。微软不断改进新产品，定期淘汰旧产品的机制，使微软产品不断成为

行业标准，也是微软成为行业领头羊的重要保证。

四、企业文化没有与人力资源管理结合

企业文化与人力资源管理要形成相辅相成的搭档。在人力资源管理中，企业的远景与战略目标，以及文化与价值观的形成，都是相互影响的系统。企业在招聘人才、培训人才时，只有完善企业中的双向沟通，提升企业文化的战略作用，才能有效支持业务管理，才能保证家族企业不断发展壮大。

创新企业文化的“绿洲”

世界上那些能够做到基业长青的家族企业，如 IBM、福特、麦当劳等，在文化上都有一个共同特点：随着市场竞争环境的变化，企业文化也不断变化和创新，使企业更能适应市场，实现可持续发展。

所以，家族企业必须适时地与时俱进，在进行人力资源管理创新的同时，进行文化创新，把现代优秀企业文化融入家族企业文化之中，使企业得到更长久的发展。为此，家族企业还要实事求是，从自身的实际出发，构建符合自身特点的企业文化。

一、构建平等、和谐的人文氛围

家族企业容易形成相对封闭的文化氛围。家族成员具有排外性，企业管理层又任人唯亲，严重伤害外来员工的尊严。

平等、和谐的人文氛围，能够激发员工的积极性、主动性和创造性。所以，家族企业必须努力构建平等、和谐的人文氛围，放弃重效益、轻人力资源的管理理念，放弃家族企业专制的管理模式，做到以人为本地对待员工、

对待顾客，在企业内部提倡平等、公平、公正，与外来员工真诚沟通，同甘共苦，和谐共处。这样外来员工才能够融入企业，认同企业的价值观，心甘情愿地为企业贡献自己的聪明才智。

案例

摩托罗拉：肯定个人尊严

摩托罗拉公司这样阐述自己对人力资源的看法："人才是摩托罗拉最宝贵的财富和胜利源泉。摩托罗拉公司将对人才的投资摆在比追求单纯的经济利益更重要的位置。尊重个人是摩托罗拉在全球所提倡的处世信念。为此，摩托罗拉将深厚的全球公司文化融合在中国的每一项业务中，致力于培养每一个员工。"尊重个人，肯定个人尊严，构成了摩托罗拉企业文化的最主要内容。

具体来说，摩托罗拉将"尊重个人"理解为：以礼待人，忠贞不渝，提倡人人有权参与，重视集体协作，鼓励创新。摩托罗拉公司通过为员工提供培训、教育、专业发展机会，后勤保障，公司内部沟通等方式，来实现对个人尊严的肯定。

二、审时度势地设计企业文化

家族企业必须要审时度势设计符合企业需要、符合企业环境与经济形势的文化。不过设计企业文化要注意两个问题。第一，家族企业要将企业"愿景"与员工沟通，在企业内部形成高度一致的价值观，最终形成企业文化。第二，企业家要深入基层，掌握第一手材料，把优秀的文化融入管理制度之中。当企业家的日常活动与企业的价值观一致时，企业文化就会得到加强。

三、走诚信经营之路

有些家族企业是靠低成本生存，为了不被别的企业所淘汰，为了降低成本和价格，不惜牺牲企业的信用，生产假冒伪劣商品，导致产品质量差，消费需求降低，市场严重萎缩；在与客户合作中，肆意撕毁合同，拖欠款项，最终导致现金交易增加，交易成本提高，投资风险加大。这些企业的短视行为，短时期里看似赚了不少便宜，实际上是有百害而无一利的行为。所以，家族企业要树立诚信文化，才能长久经营。

案例

中兴文化：中兴通讯稳健持续发展的驱动力

中兴通讯是中国拥有自主知识产权的通信设备制造企业，在竞争激励的通信设备行业，中兴通讯是如何冲破重围并获得发展的呢？中兴独特的企业文化是一个重要的因素。

中兴通讯一直遵循诚信文化，在企业文化手册中规定，对外交往、宣传以及发布公司业绩时，必须坚持诚信务实的原则。例如，中兴通讯上市至今，从不参与股票炒作，给予投资者的是长期回报，依靠业绩增长赢得股民信任。

在企业内部，员工之间也相互尊重和信任。每一个工作团队都得到充分的授权，企业信任员工，将工作的主动权交给员工，管理层只是在幕后，尽力指导和帮助员工实现工作目标。

企业还重视建立顾客文化，要求员工永远保持对顾客的热情。与顾客分享利润，是成功企业发展的推动力。

中兴通讯重视建立学习型企业。在知识经济下竞争，不仅仅是产品、技术的竞争，更是人力资源的竞争，也是学习能力的竞争。必须建立知识共享的企业文化，将知识视为企业最重要的资源，支持员工获取、创造、共享和利用知识，提高企业核心竞争力。

四、创新团结合作的企业文化

家族企业要放弃“单枪匹马”干事业的企业文化，努力营造团结合作的企业文化。要认识到企业之间只有团结合作，才能使利益最大化。在激烈的市场竞争中，一个家族企业很难再独霸市场。只有企业之间放弃相互诋毁、相互攻击、相互欺骗，树立“一荣俱荣，一损俱损”的合作理念，提升行业的市场认可度，才能获得消费者的信赖。家族企业的竞争不是把对手逼向绝境，而是要互惠互利、优势互补，加强合作，最终形成企业联盟，实现双赢。

五、由“山寨”走向“创新”

家族企业在创业初期，受到资本、技术、人才等方面的限制，不论是产品生产还是营销模式，都脱离不了“模仿文化”。这种“模仿文化”能够使企业在初创阶段获得生存下去的资本，也能够降低成本。但是，当企业进入扩张阶段以后，这种“模仿文化”的局限性就显现出来了。企业始终处于“山寨”地位，缺乏创新，是很难做强做大的。因此，企业要提倡创新的文化，进行管理创新和产品创新，才能够做到基业常青。

在家族企业的人力资源管理中，企业不能仅仅吸引优秀人才，还要做到让员工心甘情愿地留下来，并自动自发地努力工作。所以，家族企业需要把人力资源管理与企业文化相结合，把企业文化的核心内容落实到员工的思想和行为上，形成富有执行力的企业文化。

企业文化的构建，不仅要阐明家族企业独特的文化，更要丰富人力资源开发与管理的文化内容，同时，也能够为企业人力资源开发提供一定的理论依据。在企业经营管理中，家族企业必须充分认识人的文化主体性，尊重员工的工作能动性，才能在开发人力资源的工作中，更好地招聘人才、留住人才，为企业壮大实力做好后盾支援。

找到四个文化融合点

有关研究资料表明，家族企业的文化发展，呈现的是“K”字形发展趋势——现代企业制度是左边的竖线，代表着企业文化建设的主流模式；过去的家族企业文化模式是右下的一捺；与现代企业制度紧密融合，逐步形成崭新的家族企业文化模式，那就是右上的一撇。由此可见，现代家族企业需要在家族式管理与现代企业管理中找到融合点，形成自身独特的企业文化，促进家族企业向现代企业发展。

一、“人情”和“法理”相融合

在家族企业中，“人情”容易压住“法理”。因为在传统观念里，人情关系永远是最重要的，在家族企业中，人情关系甚至高于企业制度。

要建立新型的家族企业文化，就必须将现代企业文化与家族文化进行融合。无论家族成员还是外来人才，都要尽力维护企业的整体利益。作为家族成员，彼此的亲情是天然的，但在处理公司事务时，必须坚持理性，人情不可以超越企业制度；作为外来员工，必须严格遵守企业制度，维护各方的利益，尽到一个员工的职责。

案例

戴尔务实的企业文化

戴尔公司非常注重企业文化的建设，公司在发展初期，经常面临很多风险和危机，所以戴尔更愿意甄选那些有着冒险性格而变通能力又很强的员工。戴尔在财务、制造、信息技术等方面，都会任用专业人才并充分授权，同时也很注重培养内部人才。

戴尔的工作方式比较务实，久而久之，就形成了务实的企业文化。公司内部形成各抒己见的处事风格，杜绝了官僚主义，也为新员工提供了学习和脱颖而出的机会。

二、企业老板的人格与现代管理理念相融合

家族企业老板的创业经历、权威、才干、领袖地位和人格魅力，将影响着企业的生存与发展。因此，企业家必须注重提升个人的业务素质和文化修养，将自己的人格与现代管理理念相融合。

为了在企业内部形成集思广益的氛围，家族企业必须建立科学的决策机制。企业老板在做出重大决策时，要改变过去那种凭感觉拍脑袋决策的做法，多加听取员工的意见，在调查研究的基础上科学决策。企业还要建立完善的激励和约束机制，以此调动员工的积极性，减少决策失误的风险。另外，通过集权和授权的结合，鼓励员工自主创新，使家族企业更富有竞争力。

案例

松下的文化精髓

松下电器公司是世界知名的电器公司，松下幸之助在创立这家公司的同时，也创立了“松下精神”，松下精神成为企业获得发展和壮大的重要因素。

松下幸之助认为，人在思想意志方面，有容易动摇的弱点。为了使松下公司的员工为公司的使命和目标而努力，松下就制定了一些戒条，不断提醒和警诫员工。

松下精神凝聚成一种强大的内在力量，成为松下公司的精神支柱。这种内在的精神力量，极大地激发了员工对企业的感情，如积极提合理化建议，积极参加各种形式的改善企业经营管理的小活动；在工作中互相帮助，互谅互让；对顾客热情服务，尽心尽责地为企业的发展而奋斗。

三、创业个性与传统文化相融合

家族企业的文化建设，要植根于中国的传统文化之中，还要做到去粗取

精，古为今用。比如传统文化比较注重“诚实守信”，那么家族企业也可以采用，把其当成企业经营的理念，并发扬光大。很多企业倡导“求实”、“创新”、“敬业”、“以人为本”的企业文化，给人千人一面的感觉，其实企业完全可以有独特的企业文化，很多成功的企业文化是有独特个性的。

每个家族企业在创业的过程中，都会面临很多危机，也会出现很多迎难而上的事情，这些都是企业宝贵的精神财富，都可以转化为企业文化和企业精神。家族企业可以大力弘扬这些精神，培育一种团结奋进的氛围，让员工在潜移默化中去接受企业文化；通过发挥集体个性和智慧，尊重员工的个性，给员工提供创新的土壤和机会，才能使企业更有活力。

案例

儒家文化的传承与发扬

东南亚的华人家族企业，由于企业家受我国传统儒家文化的影响，在艰苦创业的过程中，形成了一整套独具一格的经营思想和管理作风，比如崇尚吃苦耐劳，注重信用，倡导团队精神，主张以和为贵、以情感人等。

在激烈的市场竞争中，这些经营思想都经过了时间检验，不管过去多少年，这些企业仍然保持着这些优秀文化。正是在这些优秀的儒家文化的鼓舞下，东南亚华人经济圈创造了让世界瞩目的经济奇迹。

四、“家文化”与“现代企业文化”相融合

家族企业要对家族式管理模式进行变革，保留凝聚力强的一面，摒弃那些不利于人力资源管理的弊端。通过“家文化”与“现代企业文化”的结合，探索如何将现代企业制度和管理模式融入家族企业文化之中，紧密结合企业的实际情况，选择符合自身发展的企业制度。

家族企业老板必须克服狭隘的用人观念，突破家族式的人力资源管理模式，导入现代的用人机制，重用外来人才，实现“家文化”与“现代文化”

的融合。同时，家族企业老板要重视企业接班人的培养，让子女学习现代经营管理，参与本家族企业的管理，为将来接班做准备。

案例

生生不息的“华为文化”

华为是一家知名的高科技企业，市场已经覆盖全国，并延伸到欧洲和中亚。华为之所以取得了巨大发展，离不开强有力的企业文化。

华为的企业文化一直跟民族文化紧密结合。华为公司的管理层号召员工向雷锋、焦裕禄学习，同时奉行决不让“雷锋”吃亏的原则，坚持物质文明与精神文明双丰收。华为把实现民族的振兴、时代的革新，当成自身义不容辞的责任，铸造华为人爱国、爱民族的高尚品格。

华为人坚持为民族振兴、为祖国昌盛、为家庭幸福而努力奋斗，华为人觉得，没有奉献精神，就会变成自私自利的小人。因此，华为形成了蓬勃向上、励精图治的风气。

在华为公司内部，一直都尊崇团结协作、集体奋斗，这也是华为的企业文化之魂。成功是所有员工一起努力的结果，失败是集体的责任。公司员工同甘共苦，除了工作需要之外，华为的高层领导不设专车，和员工在一个餐厅吃饭，形成人人平等的民主作风。个人利益服从集体利益，将个人努力融入集体奋斗之中，形成自强不息、荣辱与共的“华为精神”。

1996年初，华为公司开展了“华为基本法”的起草活动。华为依照国际标准建设公司管理系统，进行人力资源的开发与利用，努力进行制度创新，把公司形象宣传到位，拓展更广泛的市场，建立更加具有华为特色的企业文化。

第九章

建立健康和谐的人际关系

我国家族企业以血缘关系为主的人际关系，能够很好地形成企业内部的凝聚力。但是随着家族企业的发展壮大，家族企业的人际关系，正在考验着企业家的管理智慧。

建立和谐的企业人际关系，是现代企业管理非常重要的一个环节，也是维持企业持续稳定的重要保障。家族企业的基业长青，离不开和谐、健康的企业人际关系。家族企业内部关系和谐与否，直接影响着员工工作积极性和创造性的发挥，影响着企业经济效益的提高。

不同的家族企业，其内部的人际关系也是不尽相同的。创造和谐的企业人际关系，必须要有针对性，处理企业人际关系，并不是盲目的，而是有规律可以遵循的。

家族企业人际关系的特点

我国家族企业受到儒家“家本位”传统思想的影响和熏陶，以血缘关系为主的家族企业的人际关系，成为家族企业组建及发展过程中重要的黏合剂、润滑剂，能够很好地形成企业内部的凝聚力。但是随着家族企业的发展壮大，家族企业的人际关系，特别是以血缘关系为主的人际关系，正在考验着企业家的管理智慧。

一、多视角透视家族企业人际关系

1. 企业家与职业经理人关系的微妙

为了突破家族式管理弊端，一些家族企业聘用职业经理人。但是，由于家族企业对职业经理人还缺乏实质的信任，使得两者之间的人际关系十分微妙和多变。

一方面，不少企业家视野开阔，认识到“任人唯贤”的重要性，能够突破家族成员的阻挠，给予职业经理人施展才华和抱负的空间。职业经理人的收入，往往与企业的整体效益挂钩，企业家与职业经理人追求共同的利益目标，使得他们的人际关系具有“一荣俱荣，一损俱损”的特点。

另一方面，尽管家族企业引进了职业经理人，但由于缺乏相应的监督机制，法律保障又不健全，企业家担心职业经理人侵犯他的企业所有权，也不排除一些缺乏职业道德的职业经理人恶意离职的行为发生。所以，双方缺乏信任，常常导致职业经理人行为上的不确定性，加上家族企业错综复杂的人际关系网的束缚，很可能迫使“空降”的职业经理人以失败而告终，甚至发生职业经理人带走团队的集体跳槽事件。

案例

面对人事斗争只能选择退出

某公司的人力资源总监王先生有多年的工作经验，加上他本人具有深厚的理论素养，工作起来得心应手，颇受总经理赏识，公司其他管理成员对他也很尊敬。

这个家族企业虽然发展很快，规模也不小，但一直没有建立绩效管理系统，只是月底时根据员工的表现适当发些奖金，由于缺乏发放依据，员工们在私下也颇有怨言，总觉得不公平。

王先生来到这个企业后，便向总经理提出实行科学的绩效考核和绩效管理的想法，得到了总经理的肯定与支持。于是，王先生经过半个月的努力，终于起草了一份看似完善的绩效考核办法，并在公司进行了大力的推广。虽然没有听到什么反对意见，但王先生却感觉到大家对他好像不那么尊重了，甚至有些家族成员管理者在例会时也颇有微词。难道是绩效考核体系出了问题？他仔细核查后，发现不存在技术上的问题。到底是什么原因呢？

正在王先生苦恼不已的时候，跟王先生交情不错的销售部李经理透露了秘密。李经理说：“根本不是绩效考核体系的问题。你在公司里呼风唤雨，所处理的事情又都给公司带来很大的经济收益。你成了老板心中的红人，而原来和老板一起打天下的人却被老板疏远了，甚至成了你的手下。他们曾在背地里说过，只要有你在，他们就没有出头之日。尤其是你下面的那个人力资源经理，他曾经和我说过，你要是不走，他永远当不上人力资源总监。还有，上次你批评的那个客服部陈经理，你知道他是什么人吗？实际上他是公司的股东，也是老板的亲戚，但是能力不行，所以才屈于此职。”

于是，绩效考核制度在坚持了一个月之后，就被公司废除了。王先生在公司也处处受到阻碍，连正常的工作都得不到合作与帮助，部门内的员工对他也有了很大的意见。在经过多次努力无效后，王先生选择了辞职。

专家点拨

在家族企业中，有70%的人是因为人际关系不协调，厌倦了人事斗争而离开企业的。其中人际关系不协调又有80%的原因是因为“职场政治”，有些是显性的，有些是连老板都不知道的“隐性政治”。

2. 管理者与普通员工人际关系的功利性

一方面，管理者与员工之间存在着经济利益，导致两者的人际关系带有很强烈的功利性。大部分家族企业都是劳动密集型企业，产品量大，却缺少技术含量，需要雇佣大批廉价劳动力，才能获得市场和发展的空间。可以说，没有广大廉价的劳动力，很多劳动密集型的家族企业是很难生存下去的。企业家是员工经济收入的提供者。因此，两者能够相互依存。

另一方面，劳资双方容易产生矛盾冲突，导致人际关系紧张。一些家族企业资金有限，或者受家族式管理模式的限制，因此，家族企业为了降低成本，就大量缩减员工的工资待遇。企业家为了追求利益最大化，不惜牺牲员工的利益。而员工为了谋生，或者迫于某种压力，往往选择沉默。企业家的意志长期凌驾于员工的满意度之上，导致人力资源潜伏着一种危机，当这种危机爆发出来时，就会形成强烈的对抗，紧张的人际冲突最终损害的是双方的利益。

3. 管理层人员之间尴尬的人际关系

首先，职业经理人尽管得到企业家的适度授权，但在经营管理过程中，难免会触及家族成员的利益，触及企业的亲情网、关系网，从而遭到强大的阻力。其次，家族成员担心自己的权力被剥夺，因为职业经理人的“空降”，必将使企业内部的权力分配重新洗牌，因此家族成员便会对职业经理人处处设置障碍和打击。这种“排外”的情绪和行为，一旦超过职业经理人的容忍度，必将导致职业经理人与企业家分道扬镳。

案例

“三朝元老”不能得罪

唐先生任职于一个家族企业，由于工作经验丰富，工作能力也比较强，善于处理各种复杂的人际关系，经过几年的打拼，唐先生被提升为财务总监，在组织架构中排名第五。虽然看似风光，他却遇到了一件烦心事，就是在财务部他不得不向一位年近50岁的老出纳妥协。

这到底是怎么回事呢？原来在该企业中，财务人员的重要性超出了很多员工的想象，这位老出纳跟随董事长将近20年，掌握很多除了董事长以外就只有他知道的财务秘密，所以不知不觉中，老出纳掌控了公司的财务管理权力。唐先生很善于处理人际关系，他知道，如果自己不小心和老出纳产生矛盾，很可能连董事长都帮不了自己。

专家点拨

由于老出纳手中握有独特的资源，不仅财务总监得向他妥协，即便是董事长也得让他三分。对于像老出纳这样的隐形上司，只有尊重他的利益，和平共处才是最好的方法，千万不能采取强硬手段解决问题。

4. 普通员工之间单纯又复杂的人际关系

很多家族企业，尤其是劳动密集型的家族企业，需要的员工比较多，员工的来源和背景都比较复杂，文化层次参差不齐，个人利益纷争很大。因此，在这类家族企业中，员工的人际关系表现出既团结又竞争，既单纯又复杂的特点。

首先，作为家族企业中的员工，他们需要团结，才能提高与老板抗衡的能力。其次，他们由于能力、素质上的差异性，容易因相互竞争而产生矛盾。工资的高低、岗位的好坏等，都是普通员工人际关系紧张的原因。还有地域歧视，各种形式的小集团主义盛行等，也使得员工之间常常感到“知人知面不知心”。

案例

“闷葫芦”的困惑

刚大学毕业的张先生，初来公司时，就听公司前辈说过，要在单位里站稳脚跟，首先要保持谦虚的态度，按照上司的要求努力完成手头上的工作就行了，其他的事情尽量少管，以免引来不必要的麻烦。对于过来者的建议，张先生深信不疑地采纳了。对于性格比较内向的他而言，保持沉默比在同事和上司面前表现和炫耀自己，更容易接受。于是，在会议以及活动策划方面，张先生大多时候都保持沉默，除非领导问他有什么观点和想法外，他往往扮演“闷葫芦”的角色。

最初，张先生的工作开展起来还算顺利。然而，渐渐地，他发现身边的同事与他交流的时间越来越少，无论是聚餐还是出游，很少有同事会主动邀请他参加。同时，在一些项目的推广上，领导也不再了解张先生的看法，直接就把任务交给他的下属负责了。眼看着在单位里工作将近两年了，与他一同上岗的同事，或跳槽，或晋升，而自己的职业发展仍然在原来的水平线上。是自己的能力有缺陷，还是职场情商不足？张先生感到困惑不已。

专家点拨

“多做事，少说话”不会很容易被老板“炒”掉。可是就职业发展而言，确实有着很大的阻碍因素。尽量多与同事和上司沟通，是解决张先生所面临的职业问题的最佳办法。对于一些平常很少与上司接触的职业人来说，如何把握好时机自然地进行交谈，是相当重要的技巧。

二、家族企业需要建立良好的人际关系

现代化管理理念中，比较注重以“人”为核心，要求企业员工之间投入更多的人际沟通。只有相互之间有了良好的沟通，才能培育出和谐、健康的人际关系，帮助家族企业抵御市场风险，获得良性的发展动力。家族企业建立良好的人际关系，需要做到如下几点：

1. 管理者与员工通过沟通，形成共同的奋斗目标

家族企业要善于处理与员工之间的关系，如果处理得当，就会出现企业家与员工“双赢”的局面；反之，企业与员工之间纷争不断，必将影响企业的长远发展。所以，企业家要与员工多沟通，拓宽与员工的沟通渠道，实施以人为本的管理制度，增强员工的归属感，使员工的个人追求与企业的目标保持一致，营造稳定、和谐、健康、有序的人际关系氛围。

2. 管理者之间要形成同舟共济的氛围

管理层人际关系处理得好，就能凝聚众多人才的智慧，使家族企业团结一致共同奋斗。如果管理层之间的人际关系矛盾重重，始终处于不和谐状态，对企业的管理经营将会造成麻烦。

因此，职业经理人在行为方式上，有必要尊重管理层中的家族人员，因为企业创业成功离不开这些创业功臣的努力。同时，家族成员也要胸襟开阔，大胆而热心地接纳职业经理人，舍得放权，给予职业经理人施展才华的空间。

双方在处理重大问题时，能够做到求同存异，将矛盾小化，降低人际冲突的内耗，转变为家族企业发展壮大的动力。

3．普通员工之间要分工合作、优势互补

人际关系紧张、小集团主义盛行、缺乏团队精神，这是家族企业普通员工关系的真实写照。对于家族企业的普通员工，人际关系的矛盾，只会为自身工作和发展设置障碍。只有同事之间相互认同、能力相互补充，突破小团体的狭隘意识，最终形成一个团结合作的团体，才能使个人得到提升和发展。

人际冲突：化干戈为玉帛

企业面对的竞争越激烈，企业中的人际关系也就越复杂，人际冲突也会更严重。所以，家族企业不得不思考，如何才能让员工发挥最大的才能，又能处理好相互关系。

一、人际冲突对家族企业的影响

家族企业人际冲突，对企业的影响是多方面的，因此，在家族企业的运作过程中，必须努力消减人际冲突的消极影响，提升人际冲突中的积极作用。

案例

派系斗争，该站哪边

曾担任外企人力资源专员的杨小姐，应聘进入一家规模不大的家族企业，担任人力资源经理。杨小姐年轻又吃苦耐劳，很快就适应了工作环境，公司老总和副总都在有意无意间对她表示了栽培之意。

可时间不长，就有老员工悄悄跟她递话：“你没看出来啊？老总和副总不合，站哪边，你看着办吧！”刚从外企跳槽过来，遇到这种事，杨小姐还真不知该怎么办。一番思考后，她决定严守中立，心想：“只要干好本职工作，谁能挑我的刺？”

这个家族企业规模不大，老总和副总是亲戚关系，也都喜欢越级交代工作，无形中就增加了员工的工作负担。虽然任务压得人喘不过气来，但杨小姐宁可自己加班加点，也要做到两边领导都不得罪。

3个月过后，杨小姐累得够呛，但两位领导似乎并不领情。常常是杨小姐受批评后前脚刚迈出总经理室，就被隔壁的副总经理叫去，换个角度、换套说辞再被批一遍。杨小姐不知道自己到底做错了什么。

面对家族企业里的派系斗争，杨小姐十分困惑，不知道该如何处理，也不知道该站在哪一边。

人际冲突的消极作用：家族企业的人际冲突，极容易导致员工之间关系紧张、缺乏团结精神，彼此敌视，内耗严重，员工之间容易形成地域歧视和拉帮结派等，这种人际冲突，将会导致家族企业生产效率低下，缺乏凝聚力，甚至导致家族企业的倒闭。

人际冲突具有的积极作用：家族企业中的人际冲突，在某种程度上，可以促使家族企业重新评价企业目标，注重改善员工的工作环境和提升员工的福利待遇。人际冲突可以使家族企业有所警醒，让企业家能够反省企业的制度和人力资源策略，从而促使企业家转变观念，对企业进行更科学、更人性化的管理。

二、沟通是化解人际冲突最有力的武器

在家族企业内部进行没有障碍的沟通，建立良好的人际关系，已经成为家族企业的管理需求。由于利益关系，家族企业经常出现猜疑、不信任的气氛。要想企业员工团结协力，只有通过沟通，让员工具有统一的目标，营造共同的价值观。当人际冲突不可避免地发生时，千万不要采取回避的态度，积极的沟通才是解决人际冲突最有效的武器。如果人际冲突是由于待遇不公

或者权力分配矛盾引起的，双方可以通过坦率真诚的沟通，寻找解决问题的方法。如果人际冲突是由于员工的性格与能力造成的，企业可以通过座谈等方法，增进了解，及时消除误会。

家族企业在日常的管理工作中，必须保持与员工之间的沟通交流。企业与员工之间的沟通，能够使员工更好地了解企业经营目标，增强员工的归属感和对企业的信任感，提高员工的工作积极性，企业则能深入了解员工的专业能力，在具体的工作分配上，要多考虑员工的个人意愿，避免强加给员工很多压力。沟通还能使员工更深入地认识同事，更好地团结合作，感受到良好的工作环境和氛围，也使同事之间明确权责，避免推诿责任和相互指责。

家族企业要通过内刊、告示栏、意见箱等，使管理者和员工、员工之间通过沟通分享情绪和感受，使员工的负面情绪得到及时化解，避免发生严重冲突。

案例

“严上司”难以融入下属的圈子

麦小姐是一个家族企业研发部门的主管，由于在业内有多年的从业经验，在业务的拓展方面有自己独到的见解，只要她认为可行的方案必定会坚持到底。事实上，对于企业每月定下的工作任务，她都是十分投入的。

在麦小姐看来，在达到工作目标的同时一定要减少工作失误，即使是一个很小的细节，她也会很详细地向员工了解清楚，以避免出错。

严谨的态度确实让她所带领的部门出错的几率降低，部门的工作业绩也保持着平稳的发展状态。可是，同事与她的相处却并没有因此而变得融洽，相反相互之间的交流和沟通越来越少。

她发现员工们开始慢慢地远离自己，甚至表现出一种抗拒的情绪，这对提高部门的凝聚力和团结来说很不利。刚开始时麦小姐也尝试着寻找话题增加与同事们相互交流的机会，想主动融入同事的圈子里。可是每次他们都只是被动地回答她的提问，上下级间不协调的状态似乎没有什么改变。渐渐地，麦小姐也在这种状态中沉默了。

专家点拨

对于管理者来说，完成工作任务不是一件困难的事情，然而如何处理好上司和下属的关系，让整个团队有更好的表现，却让他们不知所措。麦小姐的最大问题，是在工作中过于坚持自己的看法，忽视了别人的意见，以致给同事传达出不信任的信息。

三、构建和谐的人际关系

家族企业要构建和谐的人际关系，可以通过如下几方面进行努力：

1. 改革落后的人力资源管理模式

家族企业必须导入现代企业制度，适时地摒弃家族式管理，通过现代企业制度，规范员工的思想，约束员工的行为。家族企业要突破固有的思维模式和经营方式，使管理更为多元化、人性化，激发员工的积极性和创新精神。

案例

让新型人际关系融入人事管理

有一家制造型家族企业拥有一大群"蓝领"工人，大部分工人在该公司供职时间已经很长、资历颇深。该公司雇佣了一名新的人力资源经理陆经理。这位陆经理精力充沛、头脑活跃，他力劝公司高层，取消对员工每天早上"打卡"的要求——而这一举措主要是为了记录员工上下班时间，已经成为制定雇员员工报酬的依据。起初，高管们非常反对这一提议："这样一来，我们岂不要眼睁睁地看着员工们迟到早退了?""这样不是自找麻烦吗？如果主管因为某种原因而不在办公室里，员工能恪尽职守吗?"

陆经理给公司管理层的答案是：如果经理人能够向员工传达这样的信息，即信任员工肯定会按时上下班、并在自己亲笔签名填写的时间表上准确记录自己的上下班时间，整个过程就会是预期的自我实现过程。他还进一步强调，团队内部成员应该相互信赖，这样团队就能自行监督旷工和迟到问题；并且最重要的是，这个新体系能够把员工和管理人员的关系从带着怀疑的监督，转变为一种包含了更多默契、更多信任和更多人情味的关系。这种转变将形成非常积极的劳资关系，并提高工作效率。

那么实际情形如何呢？这一创意的最终结果是什么样呢？一年之后，打卡机已经被当成收藏品请进了人力资源办公室，它象征着过去那种亟待转变的旧的思维方式，现在已经完全无用了，将来也不会再派上用场；而新型的人际关系和团队驱动的管理体系已经很好地融入了该公司的人事管理中。

2. 建立人人平等的企业价值观

家族企业的管理制度，必须体现出人人平等的原则。健康、科学的企业价值观，能够很好地协调企业人际关系，消除员工之间的纷争，增强家族企业的凝聚力。

3. 培训员工的人际交往能力

案例

多沟通，形成融洽的上下级关系

柏明顿的客户中，有一家规模不断扩大的家族企业。这家企业为了应对越来越激烈的市场竞争，引入一位职业经理人。这位职业经理上任后，发现公司的现金流不能保持畅通，经常出现资金紧张的现象。这位经理就召集骨干员工开了一个会，把这个问题明确地提出来，和大家一起商量怎么解决。他的这一举动让下属觉得上级非常信赖自己，所以大家就积极地献计献策，研发部门、销售部门、财务部门纷纷提出相关建议。经过短短两个月的时间，这家公司的现金流就得到很大的改善。

家族企业内部人际关系紧张，很大程度上是因为员工缺乏人际交往的技巧。因此，家族企业可以通过培训课程，培训员工的人际交往能力，并把家族企业的理念、价值观贯彻在企业运作和员工的行为中，使员工从规矩的学习演变为自觉的行为。

4. 正确处理已经发生的人际冲突

家族企业的人际冲突，必须得到正确而及时的处理。面对不同类型的人际冲突，选择不同的方式进行处理，尤其要注意评估当事双方的多方面因素，评估人际冲突可能产生的后果。

接班人如何走出人际关系困惑

随着家族企业创业者纷纷到了退休年龄，家族企业进入接班时代。而接班人大多都比较年轻，缺乏管理企业的经验，尤其是难以取得职业经理人的支持，因此，这些接班人会遭遇很多人际关系困惑。

“富二代”接班人进入家族企业后，都会经历几个不同的时期，在不同的时期，会面临不同的人际关系。接班人如果能处理好这些人际关系，就能在接班的道路上得到很多得力助手，反之，则容易面临困境，甚至寸步难行。

“富二代”接班人在家族企业中处理人际关系时，不能采取一成不变的处事方式，而应该根据实际情况灵活变通，针对不同时期、不同的人际关系，采用不同的方式处理人际关系。

一、执政学习期

1. 要适应企业文化，不被排挤在外

动物界有着“适者生存”的法则，企业接班人也是这样。“富二代”接

班人要学会适应家族企业的文化，不被排挤在外。同时，要按照企业惯例、按照家族企业元老们喜欢的方式，积极地与他们交往，即使自己不喜欢这种交际场合，但为了企业利益和自身将来的地位，也要强迫自己适应这种待人处事的方式，锻炼人际交往的能力。

案例

要适应企业不成文的习惯

有个家族企业的接班人，在公司召开销售年会的时候，组织从各地回到总部的销售经理，利用会后的时间进行业务培训。可是培训工作还没有开始，就被当董事长的父亲叫停了。

后来这位接班人了解到，他们公司已经形成了一个不成文的习惯，年会期间的每个晚餐销售经理都要和董事长一起推杯换盏、开怀畅饮。这位接班人没有认识到“酒文化”已经成为企业文化的一部分了，以他目前的地位还难以改变它。

2. 尊重企业元老，遵守企业制度

家族企业接班人要严格遵守企业制度，千万不要干预企业元老的事务；充分尊重企业元老，不要与创业元老对立；只要是元老们给自己交代的工作，一定努力把它做好，因为这说不定是企业元老暗地里对接班人能力的考察。

3. 与企业元老建立友好的感情

接班人要努力与企业元老建立良好的情感关系，与那些有着共同爱好的元老们多多沟通交流，巩固彼此的情感关系；与那些观念不一致的企业元老，也要保持一定的感情交流，多关心他们的身体状况等，以求将来获得这些元老的鼎力支持和帮助。

二、执政成长期

1．谦虚谨慎，不可傲气

“富二代”接班人大多学历高，但缺乏管理经验。对于企业制度或人力资源管理上的某些缺陷，可以提出来，征求父辈企业家的意见，取得父辈创业者的赞同和支持，然后再向企业元老征询意见。通过综合各方面的建议，不仅能提高接班人的分析和判断能力，还能得到更多员工的认可。但是，接班人要注意与元老们保持和谐的关系，避免提出的这些改革方案严重损害他们的利益。

2．与专业的管理咨询公司合作

接班人可以请外部咨询公司进行授课，使管理人员真正理解现代企业制度，认识到现代人力资源管理制度的主要作用，开阔员工的视野，为将来的企业改革预先做好准备。

案例

打造新的人际关系格局

柏明顿在广东佛山有一家客户，这是一家成立了10年的家族企业，有几百个员工。公司主要还是董事长依靠个人权威在管理，内部管理非常粗放。

一年前，公司陆续引进了4名职业经理人，但由于背景不同，大家做事的方式各不相同，基本没有形成团队。半年前，这家公司聘请柏明顿公司开展组织设计和激励机制的咨询。管理提升是一条“明线”，同时含着一条“暗线”，就是经理团队的形成。

在为期5个月的咨询过程中，通过管理方案的研讨和培训，经理人员的想法逐步浮出水面，并在顾问师的引导下，逐渐达成一致。同时，董事长很想让其中一位担当更大的责任，以便解脱自己去做更重要的事情。

于是，在咨询过程中，顾问师就多和这位经理交流，很多方案提前沟通，研讨会上也让他多发言。咨询快要结束的时候，这家公司任命他为常务副总经理，严格执行咨询设计的管理体系，协助董事长打理日常经营管理活动，其他经理人员也比较容易接受。

从这个案例可以看出，管理变革离不开人的工作，领导团队的打造，就是一种新的人际关系格局的形成。

3. 重用那些理念相同的企业元老

对于那些不支持自己的企业元老，家族企业接班人必须及时找出原因，同时要主动找那些与自己意见不合的企业元老沟通，在适当的场合，对这些创业元老表示感谢，并表达自己愿意与他们一起为企业的发展壮大而努力。

三、执政交接期

1. 创新企业文化

接班人接管家族企业的经营大权后，自身还是缺乏必需的威望，在很多决策上还很难服众。因此，在获得父辈创业者和大多数企业元老支持的基础上，需要通过创新企业文化，重新树立个人管理权威。

由于改变企业制度或规则需要非常专业的能力，所以，接班人可以请专业的管理咨询公司提供咨询服务和实施方案，减少企业文化改革和创新的阻力。对于个别持有反对意见的元老，要多做沟通说服工作，必要时请父辈创业者出面说服。

2. 严格要求自己和员工

接班人必须严格要求自己遵守企业制度，只有做到严格要求自己，才能有资格去要求员工。对于一些不遵守企业制度的家族成员，要具体问题具体分析，了解事情的前因后果，找到正确、合理的解决方法，这样既能尊重员工，又能树立个人的威望。同时，可以安排元老们参加管理培训，改变固有的观念，提高他们的认知水平。

3．争取企业元老支持

接班人只有得到元老们的大力支持，企业才能得到顺利过渡。因此，接班人可以通过一些聚餐活动、旅游活动等，与企业元老增进友谊。

四、执政成熟期

1．制定企业战略目标，落实创新的企业文化

接班人在执政成熟期必须尽快制定出新的企业发展战略，并与企业文化紧密融合，落实到企业管理和日常工作中。对于积极支持企业战略和企业文化的元老，要及时给予表扬，对于不支持的元老们，要善意地提出批评并耐心说服。

2．严格处理违规和损害企业利益的员工

接班人要树立自己的权威，不能光靠“施恩”，必要的时候也要“施威”。对于做出损害企业利益的家族成员或者企业元老，要给予严肃的批评，本着对事不对人的原则，按照企业制度公正处理，绝不姑息。

3．从企业元老中提拔得力帮手

接班人刚执政不久，需要一些得力助手，而企业元老是最佳人选。所以，家族企业接班人必须与企业元老保持良好的关系，经常请元老给员工讲企业如何创业成功，为创业元老举办生日庆典、家庭聚会等，并从企业元老中提拔得力帮手，增强企业的凝聚力，也容易得到企业元老的认可和支持。

五、完全执政期

1. 下大力气建设企业文化

此阶段的家族企业接班人首先要建设好企业文化，谦虚地请企业元老提合理化建议，对于有价值的建议，必须尽快执行和落实，并对提出良好计策的企业元老，适当给予物质或精神激励。

2. 进行合理的人事调整和安排

接班人掌管企业之后，必须组建一个听命于自己、能力又很强的工作团队。对于个别倚老卖老的企业元老，可以把他们调离重要岗位，或者外派他们去学习培训，如果确实不适合在企业发展，可以给予经济补偿，劝其提前离、退休等。

3. 奖励企业元老，也树立个人威信

因为企业元老在家族企业创业之初曾做出过重大贡献，家族企业的接班人不能忘恩负义，在适当的时机可以为“企业功臣”颁发成就奖、贡献奖等精神奖励，同时也给予必要的物质奖励。这不仅能让创业元老感激涕零，也使企业员工对接班人更加认可，增强接班人的个人威信。

接班人对待元老们的态度，员工都看在眼里，记在心里，今天元老们的结局就是他们未来的结局。所以，接班人善待元老，能使全体员工都感受到，为企业做过贡献的人，企业一定会善待。这也会影响到家族企业能否吸引人才，留住人才。

正确处理“办公室政治”

现代的职场人非常注重人际关系，希望让自己生活、工作在一个愉快的环境中。在家族企业中，由于家族成员与外来员工天生就存在着沟壑，人际关系的处理，更是让人头疼的问题。家族企业的员工之间关系处理得好不好，在很大程度上决定着企业的工作效率和团队协作，也影响着外来员工的去留。处理“办公室政治”，要注意如下几条法则：

一、站在别人的角度换位思考

很多人观察和处理问题的时候，一般习惯从自己的角度去思考，只顾自身利益和愿望，从没有想到也要了解他人。家族成员常常为了一己之利，不惜攻击别人，甚至不惜牺牲企业的整体利益，就是因为他们没有站在别人的角度换位思考，没有站在企业的整体利益角度去换位思考。

其实利益冲突的双方之所以发生纠纷，就是因为不理解对方，难以体谅对方。要想处理好身边的人际关系，就要学会从对方的角度观察问题，多替对方、多替企业着想。只有这样，在家族企业复杂的人际环境中，才不会受到人际关系的困扰。

二、学会与同事分享

在企业工作，要处理好人际关系，就要多与同事分享工作的经验和乐趣。因为和别人分享自己的快乐时，会获得更多的快乐。善待同事，就是善待自己。同事之间彼此能够做到顺畅沟通，自由地交流信息，你在企业里也会受到欢迎，当你遇到困难时，也会得到很多人的帮助。学会与同事分享，这也是处理企业人际关系的一条重要准则。

案例

李嘉诚的生意经

李嘉诚曾说过：假如一笔生意你卖10元是天经地义的，那我只卖9元，让他人多赚1元。表面上看我是少赚了1元或者亏了1元，但是，从此之后，这个人还和我做生意，而且交易越来越大，他又介绍自己的朋友与我做生意，朋友又介绍朋友来与我做生意。所以，我的生意越来越多，越来越大，我的朋友圈子也就越来越广。

你分享的东西是对别人有帮助的，别人就会感谢你。你愿意和别人分享，别人就会觉得你是一个正直的人，愿意与你做朋友，愿意与你打交道。

三、正确处理领导、同事关系

员工要对上司给予充分的尊重，对上级的合理决定，要服从并坚定地执行，并主动为上级领导分忧解难。

反过来，上级对于属下员工，要给予适度的授权，善于发现员工的优点，及时鼓励员工的创新活动，使其心情舒畅地投入工作。

对待同级关系的同事，必须要做到互相尊重，团结合作；不干预别人的工作，认真负责自己的事务，是自己的责任就要敢于承担。

在企业中，正确处理领导、同事关系，是维系良好人际关系的基础，这也是决定是否有人缘的关键因素。

四、理智对待企业人际关系和私人友谊

处理企业人际关系，与处理私人人际关系，既有区别又有联系，员工要善于区分、认真对待。在家族企业复杂的人际环境中，人际关系很难做到亲

密无间，同事之间更难了解到彼此的生活细节。因此，要与同事拉开距离，但也不能过于疏远，在同事的基础之上建立良好的私人关系，这样就会促进人际关系的改善与和谐发展。

案例

进入公司前，先弄清人际关系网

林小姐大学毕业后，进入一个家族企业从事文秘工作。

一次，林小姐去打印室让一个叫阿梅的员工复印材料，阿梅见一个新人竟敢让自己做事，很不高兴，一副爱答不理的样子。林小姐并不在意，将材料原件放好，交代了相关要求后就回办公室了。

等到林小姐去取材料时，阿梅只是忙着上网聊天，并没有复印，还傲慢地说："你要是急着用就自己复印，我没空。"

林小姐急了，说了她几句，没想到她冲着林小姐怒吼，就这样，两人大吵了一架。

结果，林小姐为了不耽误工作，只好牺牲中午休息时间，加班把材料复印好。后来一同事告诉他，阿梅是老板娘的外甥女，公司里的人都让着她。老板娘知道这事之后，虽没说什么，但对林小姐也没有什么好脸色。可以想象，林小姐以后的工作将会很难开展。

专家点拨

大学毕业生缺乏社会历练，不太懂人情世故，心态又比较高，在人际处理上过于僵硬。在公司，即使是面对再低级的员工，也应该礼貌对待，要尊重他们的利益。同时，要尽快熟悉业务流程，把工作单位里的人际关系利益构架摸清楚，尤其是了解那些隐形上司的存在。

五、学会认同、理解他人

每个员工都有自身的个性和特点，具有不同的学历背景和不同的生活方式。在企业这种人员来源多元化的背景中，必须要学会认同人与人之间的差异，学会理解他人，客观地评价他人，学会欣赏别人的长处。

只有这样，人际关系才更和谐，也能体现出自身较强的适应能力。要知道，在竞争激烈的企业中，缺乏足够的适应能力与和谐的人际关系，是很难获得机会提升的。

建立和谐的企业人际关系，对于处于激烈市场竞争中的家族企业是至关重要的。家族企业应通过各种有效措施和手段，致力于建立并完善企业人际关系，为良好企业文化的形成提供培育的土壤，只有这样，才能推动家族企业健康、稳定、持续发展，才能为企业目标的实现提供有力的保障。

第十章

顺利完成代际传承

传承问题，其实是家族企业发展中最敏感又深感头疼的问题。家族企业的传承大戏能否唱得好、唱得响亮，将决定家族企业能否顺畅延续，能否获得更强劲的生命力。

“富不过三代”，这句话越来越多地被用来形容家族企业的短暂生命周期，也就是说在家族企业中，往往是第一代创业、第二代守业，到了第三代就是败业。中国上一代创业者很多是在改革开放以后开始创业的，到如今，很多创业者已经到了退休年龄，中国家族企业正步入创始人向接班人交班的高峰期，交接班问题也成为中国家族企业家面临的头等大事。

从世界范围来看，家族企业接班的高潮早就来临。根据一项调查表明，在美国，已有43%的家族企业在2002年底更换领导人。而“中国富豪榜”编写者胡润2005年做的一项统计表明，未来10～20年将是中国家族企业从第一代创始人转向第二代接班人的高峰期。随着交接班时代的到来，企业家应该投入更多的精力，实现平稳过渡。

家业传承是个难题

国外众多大型家族企业，如美国的沃尔玛、德国的保时捷以及韩国的LG集团，都非常重视企业的接班工作，把传承放在企业的战略位置上。

传承问题，其实是家族企业发展中最敏感又深感头疼的问题。因为家族企业在传承过程中，将涉及企业的股权分配、确定接班人、家族财产保护和规划、家族成员利益冲突和解决方法、股东以及家族企业的所有权转移等各种复杂的问题。可以说，家族企业的传承大戏能否唱得好、唱得响亮，将决定家族企业能否顺畅延续，能否获得更强劲的生命力。

一、家族企业的传承凸现出哪些矛盾

随着众多家族企业创业者步入退休年龄，他们以前的身份都是“董事长

兼总经理”，现在的权力则分化为“父亲董事长、儿子总经理”。目前我国家族企业就存在“子承父业”和任用职业经理人两种接班人模式。但在实际的接班人操作中，很多家族企业选择“子承父业”的模式，可以说这是中国传统文化和企业家的传统观念所致，体现出中国家族企业的特色。但在家族企业的传承过程中，要弄清楚如下几个矛盾：

1. 企业老板不愿意接受退休的现实

一些家族企业老板，由于担心接班人的能力不够，或者本人过于贪恋权力，很难接受让出管理大权的现实。对家族企业老板来说，他们在创业过程中付出太多金钱和精力，在企业中有巨大的感情投资，依靠企业赢得自己的自尊和权力，企业是自己成功的标志和象征。

企业老板一旦退休，那就是削弱他们对企业的管理大权，他们担心子女接班人是否有能力管理好企业，更担心职业经理人是否会抢夺他的家产。这些企业老板觉得自己是最有能力管理好企业的人选，不相信别人会像自己一样专心管理自己的企业。

2. 父辈创业者与子女继承者在管理理念上的冲突

家族企业创业者与子女接班人，出生的年代不同，接受的教育理念和文化水平也不同，导致他们的经营观念、为人处世方式、交际范围等，出现很多难以协调的差异。如果这些理念上的差异转化为严重的矛盾，将会给家族企业的传承工作带来麻烦。即使企业创业者把经营权交给接班人，如果接班人对企业改革的幅度过大，或者改革的方案难以取得父辈创业者的赞同和支持，那么企业创业者极有可能重新站起来，任命管理理念相同的新的接班人，

案例

家族裂变：一道生死坎

在中国家族企业上演的传承大戏中，要数“傻子瓜子”给人留下的印象

最为深刻。十多年来，“傻子瓜子”创始人年广久与他的两个儿子、两任妻子之间持续不断的官司，把“傻子瓜子”闹翻了天。最后年广久被迫宣称，要放弃现在的家业，选择进行“二次创业”，联合安徽芜湖90家大小瓜子公司，打出了“芜湖瓜子”的旗号。

“傻子瓜子”是中国家族企业治理模式的一个缩影。家族控制了企业的资金、决策、组织结构，整个企业都被家族掌控。可以说，中国家族企业的衰败，往往并不是外部激烈的竞争所致，而是家族成员之间的内斗所致。

3. 子辈之间在利益和继承权方面的冲突

在家族企业中，选择谁担任接班人，是一件非常艰难的事情。

首先，在家族企业的发展过程中，尽管企业家的子女都接受了家族商业气氛的熏陶，企业家也为子女提供了良好的教育条件。但毕竟人各有志，父辈创业者的志向并非就是子女的志向，而且父辈创业者适合经商，他们的子女不一定就具有商业管理才能，要选一个有经营才干的子女显得非常困难。

其次，企业家往往生育有多个子女，他们都希望成为接班人，因为这将获得更多的家族权力。如果多个子女之间为当接班人而互相争夺，每个人都觊觎企业的管理大权，必然演绎一出尔虞我诈、兄弟姐妹反目成仇的悲剧。很多家族企业在传承过程中，往往很难避免这些权力纷争，甚至出现法庭诉讼的案例，家族之间闹个不休，确实令人感到寒心。

4. 家族成员与职业经理人之间缺乏信任

有些家族企业选择接班人，倾向于聘用职业经理人。但任用职业经理人的机制还不够成熟，职业经理人这一群体的专业水准和职业道德，缺乏相关机构做出准确的评估，加上家族成员受传统观念束缚，因此，对于职业经理人难以给予足够的信任，家族企业所有权与经营权也难以分开而治。而随着家族企业的发展壮大，家族成员和职业经理人利益上的矛盾，将成为双方分道扬镳的导火索。

案例

西方的家族企业如何接班

在欧美、日本、韩国等经济发达国家，家族企业也很注重对接班人的培养。欧洲的做法是第一代创始人离开后，第二代不直接接班，而是由一个企业元老接替，辅佐一段时间，再交给第二代；等到了第三代、第四代，公司已经社会化，企业继承人仅仅拥有公司的股权。在美国则是在下一代继承人还未成年的时候，由律师、银行家等组成的团队托管财产，仅支付给继承人少量生活费，等到继承人成年之后，再向其移交企业的股权和财产。

5．传承过程中遭遇内部和外部的阻力

家族企业进行传承，首先是遭遇职业经理人的阻力。一些企业家在位时，聘请职业经理人帮助管理企业事务，职业经理人与企业老板的关系非常敏感，但他们都能够彼此尊重，因为有着共同的利益。但是一旦企业家的子女继承企业管理大权，必将与职业经理人升级矛盾。因为与企业老板保持个人关系，是职业经理人能在企业中具有一定地位的原因，而接班人上任，必将打破这种权力均衡。

其次是遭遇家族成员的阻力。许多家族企业老板控制着企业所有权和管理权，但也有一些家族企业，为了留住人才，实行了股权激励，将一些股份奖励给亲戚和核心员工，以鼓励他们进一步参与企业经营管理。对这些企业股权所有者来说，他们担心接班人是否还会像企业创始人那样，保护这些股权的价值。

最后是外部环境阻力。对于企业的老客户和供应商，由于创始人是他们的主要联系人，他们也担心继承者是否还能与创业者那样，继续与他们进行生意上的合作。如果心生怀疑，就会设置一些阻碍。

子承父业还是聘用职业经理人

家族企业选择一个适合的接班人，对于企业的基业长青是至关重要的。选择出一个合格的接班人，企业就有可能继续发展壮大，取得更好的效益；但是选错了接班人，将是家族企业的大灾难，极有可能导致企业破产。

一、"子承父业"模式

当家族企业创业者因为年龄和身体原因选择退休时，往往是企业家的子女直接接班，掌管企业的经营大权，这已经是国内多数家族企业普遍采用的接班模式。在家族企业的家族接班人中，嫡系子嗣成员与其他人相比，具有不可替代的优势。

案例

台塑集团的"同治时代"

1951年，王永庆在台湾创办了第一家塑料厂，如今台塑集团已是台湾最大的民营制造业集团，设有多家分公司与海外公司，在台湾石化界具有举足轻重的地位。

在创业过程中，王永庆与王永在两兄弟一直都分工协作，一个负责企业的战略决策，一个负责落实执行，两兄弟形成一个黄金搭档，对台塑集团的发展起到了重要作用。如今，台塑集团进入接班人的时代，企业采用职业经理人和家族接班人联手管理的"同治时代"，王文渊等多位家族成员都在重要岗位上任职。

中国家族企业采用"子承父业"的接班人模式，是多种因素产生的结果。

第一，受中国传统文化的影响，大多数家族企业选择“子承父业”的接班人模式。血缘关系决定人与人的亲密程度，企业家选择子女当接班人，从感情上会更加认同。由于家族企业是创业人艰苦奋斗的结果，他们对自己亲手创建的企业有着深厚的感情，将企业当成自己及家族的安身立命之本，因此希望企业永远归属于本家族，而如果把权力交给职业经理人，会十分担心。

案例

延续上百年的李锦记集团

李锦记集团创建于1888年，至今已有121年历史，历经李锦裳、李兆南、李文达、李惠民等四代，已成为“亚洲食品第一品牌”。

李锦记集团从蚝油这一单一的产品起步，在有效的传承中不断发展壮大，特别是在李文达任期，李锦记生产了100多种产品，畅销全球，被誉为“品牌及商誉最历久不衰企业”。家族企业和谐的传承，把李锦记打造成了百年老字号企业。

第二，家族企业很难找到合适的职业经理人。由于家族企业归企业家及其家族成员所有，因此十分担心别人侵犯他们的利益，对于职业经理人，他们始终抱有一种不信任的态度。由于职业经理人信誉度还不是很高，相关法律制度还有待健全，许多家族企业对于聘用职业经理人还是忧心忡忡。没有社会信用体系作保障，家族企业很难放心地把管理权交给“族外人”。

专家点拨

家族企业对职业经理人不信任，将导致职业经理人在感情上对家族企业的疏远，这样家族企业也就更难选择职业经理人来接班，从而陷入一个恶性循环。

总之，家族企业之所以选择“子承父业”，主要是传统观念、职业经理人的聘用机制、企业所有权等多种因素决定的。

二、聘用职业经理人接班模式

并不是每一个企业家的后代都能成为合适的接班人。有时候家族企业选择职业经理人当接班人，是因为家族的子女没有兴趣或没有能力担当管理重任。为了不至于让家族企业就此衰落下去，家族企业创业者被迫聘请职业经理人。

企业家和家族成员要逐步认识到，聘用职业经理人管理家族企业，并不代表家族企业将要权落他人，对于家族企业本身来说，导入现代化的管理制度和模式，照样可以取得成功。

家族企业交给职业经理人打理，导入现代化企业管理，并不损害家族企业的利益，反而会使家族成员的收益翻倍。有人总觉得家族企业就是家族式管理，实际上要分清楚，两者是不同的概念和范畴。家族企业是指一个企业的性质，出资人的结构决定了企业的性质；而家族式管理主要指经营方式和管理方式。因此，家族企业并不等于家族式管理，家族企业为了自身更好地发展和壮大，当然可以灵活地选择管理模式，也就有理由选择选择职业经理人。

李嘉诚创建了自己的企业，也是家族控股，经过艰苦奋斗，李氏家族取得了巨大的商业成功。可是其成功并不是因为实行家族式管理，恰恰相反，他们大胆跳出家族框架，引入现代企业管理制度，才使李氏家族能够不断提高产业层次，扩大产业规模并实现跳跃式的发展。

案例

格兰仕搭台，人才唱戏

格兰仕集团是一个典型的家族企业，在企业改制后，企业管理层倡导“格兰仕搭台，人才唱戏”的经营理念，让经理人放开手脚，大胆进行管理创新。

尽管梁庆德、梁昭贤父子对格兰仕绝对控股，但在经营管理的时候，对属下的经理人能够大胆授权，使得经理人能够在格兰仕的舞台上，充分发挥自己的聪明才智，这些经理人也对格兰仕充满了归属感。

因此格兰仕是一个团结合作的集体、一个战无不胜的团队，即使是高层变动，也难以撼动企业的整体实力和凝聚力。

三、“子承父业”和聘用职业经理人各自的利弊

家族企业在选择接班人时无论是实行子承父业的方式，还是选择招聘职业经理人，都是各有利弊的。

子承父业的方式的优势在于：

第一，家族企业掌握着企业的所有权和管理权，可以避免企业落入外人之手的风险，企业家的创业成果不会被外人夺取。

案例

方太的交班策略

方太集团采用“子承父业”的接班人模式，成为家族企业交班的成功案例。

方太董事长茅理翔说过：“在中国信用缺失的经济环境中，要让那些创业者把经过多年拼搏创造出来的财富交给别人去打理，没有几个人放心得下，也就在情理之中了。况且目前国内职业经理人制度尚未形成，相关的法律法规也不健全，外聘经理难度较大，还是觉得儿子比较放心。”

从 1996 年开始，茅理翔采取了“带三年、帮三年、看三年”的交班策略。他先把新产品的开发权交给儿子，让其熟悉企业的运作流程，组建自己的管理团队。3 年后，茅理翔又把经营权交给儿子。

茅忠群上任之初，就把厂区从镇上迁到经济发达的开发区；对于企业元老，一个都没有留下，重新搭建自己的管理团队；每一个新项目的决策，他都具有最终决定权。方太中高层里没有一个亲戚，除董事长、总经理由茅氏

父子担任外，方太集团的其他中高层管理者都是外来员工。茅忠群在对方太集团进行一系列变革的同时，确立了自己的威信和地位。

第二，选择子承父业，能够保证家族成员是最大的股东，也更有利于家族企业基业长青。家族成员掌握着企业所有权，不管经营状况如何，企业所有权也不可能落入别人手里。因此，家族成员更关心企业的效益，工作起来更有积极性和主动性，更能获得巨大的成就感。

案例

掌握实权的“富二代”

2008 年胡润富豪排行榜上，山西海鑫董事长李兆会以 125 亿元的财富，一跃成为山西最年轻的首富。而 2002 年其父李海仓第一次上榜时，资产仅为 16.14 亿元。其父亲因意外身故后，年仅 23 岁的李兆会结束留学生涯，赶回国内继承家业。企业的经营管理由企业元老代为管理，由于李兆会善于团结企业元老，得到很多企业元老的大力辅助，海鑫集团在这场变故中得以稳定发展。

李兆会积极参与市场竞争，抛出巨资进入资本市场，成为民生银行大股东之后，他开始真正掌握海鑫的实权。

第三，子承父业，能团结更多的家族成员和股东，决策方面更快捷、高效。家族企业的股东和经理层，一般都是家族成员充当。有着血缘关系的家族成员，彼此之间更能取得信任，比外来员工更加关注企业发展目标、企业利益。由于企业创业者的子女担任接班人，更容易把家族成员团结在一起，形成强大的凝聚力，齐心协力地追求企业的共同目标。

但是采取子承父业的方式，有时也会存在一些弊端。

1. 接班人缺乏实践的机会

许多家族企业老板精明实干，踏踏实实一步步地创立了企业，也积累了丰富的管理经验。但他们往往很难将自己的经营管理经验，总结为完整、系统的理论体系，从而传授给后代。很多接班人虽然接受过科班教育，却缺乏实践能力，实际管理能力十分缺乏。

2. 父辈创业者过于强权，导致接班人缺乏自信

家族企业创业者在企业内部，具有说一不二的威信，企业老板的个人权威常常凌驾于企业制度之上。父辈创业者过于强权，或者是教育方式不得当，导致很多继承者表现出相当程度的内向和不自信。他们认为父亲具有天生的领导能力和决策能力，更擅长交际，而自己却一无是处。即使接管企业以后，他们也害怕做决策。父辈创业者只传承给子女无数的财富，却没有把勇往直前、吃苦耐劳、敢冒风险的勇气和精神，通过适当的方式传承给接班人。

聘用职业经理人的优势在于：

职业经理人一般都富有管理经验，也能够深入掌握某领域的专业知识，对于经营管理能够做到得心应手，在危机面前，也具有转危为安的实力。从企业的发展要求来看，职业经理人更适合担当家族企业的接班人。如果适当实施股权激励，将促使职业经理人把自己当企业人，更加努力地工作，提升企业效益。

案例

日本家族企业的招婿

日本的家族企业非常注重优秀人才的引进，通过从非同族中引进管理能力强的继承人，将高新技术、先进的管理制度引入企业内部。通过领养、婚姻关系，将非同族人融入本族之中，使得这些非同族出身的人与本家族拥有共同的企业目标和利益。

日本的家族企业觉得，引进非血缘关系继承人比聘用职业经理人，产生的效益更好。同时，越是效益差的家族企业，为保护家族资产，越愿意通过招婿引入优秀管理人才。成为女婿的这些职业经理人，也开始把自己当成家族成员之一，努力发挥聪明才干，改善企业的经营状况，使家族企业的业绩大幅提升。另外，从非同族引进继承人，也能激发家族成员的竞争意识，努

力提升自身本领。

不过，家族企业应该警惕的是，有些职业经理人缺乏职业道德，在经营管理企业的过程中，他们只关注自身利益，却忽视企业的长远利益和股东的利益，这将容易与股东发生利益冲突，导致企业纠纷不断。

由此可见，“子承父业”和聘用职业经理人都有利有弊，企业家要做到理性地选择接班人。

案例

子弟兵与空降兵结合

柏明顿的客户中，有这样一个家族企业：这是一家服装公司，经过20多年的努力，如今已经发展成为一家形成品牌规模的集团公司。随着父辈创业人急流勇退，其长子杨先生成为接班人，出任总裁。

杨先生接受过大学教育，文化水平较高，他认为公司要有更大发展，必须改镇办企业为股份公司。他一上任就将10余家核心企业紧密地联合在一起，成立集团股份有限公司，同时打破家族管理模式，采取制度化、规范化、程式化的管理方式。在改制完成后，杨先生筹资8000万元改造流水线装备，引进了日本的电脑上袖机、意大利仿手工制边机、面料预缩机、立体整烫机等国际一流的生产专用设备。2001年，又投入数千万元，从德国、法国、意大利、瑞士引进300多套国际一流的智能化精品西服制作设备，保证了西服的300多道制作工序达到高标准，实现了服装厂西服制作史上的一场技术革命。

杨先生还注重培养企业内部的设计师、制作师，又出重金聘请了国内外顶级设计师加盟。这些来自日本、意大利、韩国的服装设计名师同处一室，各运匠心，各展所长。公司率先在北京等三大城市开展定制高档绅士西服业务，并建立了客户电子档案。

经过少帅接班人的改革和管理，这家服装厂已经成为内销、外销两手硬，男装、女装双管齐下，并在服装本业和金融投资方面都有建树的多元化集团企业。

专家点拨

随着市场环境的优化，家族企业必须突破人力资源管理的局限，在努力培养家族成员接班人的同时，也要适当引进职业经理人，让职业经理人在公平竞争的条件下能够脱颖而出。

“富二代”为何不愿意接班

家族企业创业者，一般希望子承父业，把家族企业传承下去，光宗耀祖。可有时候期望越大，失望也就越大。“富二代”能否接班管理企业，这既是个意愿问题，也是个能力问题。

是在父辈的家族企业里当接班人，还是凭着自己的兴趣爱好，在外闯荡出自己的事业？不少家族企业“富二代”都选择了后者。是什么原因使得这些“富二代”放弃企业管理大权呢？

一、“富二代”没有兴趣接班

有些“富二代”接受过现代教育，个性更加独立，对父辈创业者从事的事业并不认同，或者没有兴趣经商。他们有的自己去创业，有的选择报考公务员，有的去考研究生，却不愿意成为家族企业的接班人。

案例

高校里的“少帅班”

浙江大学城市学院有个“创业人才孵化班”，第一期选拔的29个学生中，家族企业老板的子女就占总人数的一半，其中26人的家庭资产在百万元以上，最高的近亿元。这个班也因此被誉为家族企业“少帅班”。

高校之所以设置这个“少帅班”，就是希望能够帮助家族企业培养未来的接班人，使接受过高等教育的“富二代”更具备经营家族企业的责任心和能力。但让人大跌眼镜的是，这29人竟没有一个选择回家当接班人。除一人选择创业外，另外的28人都在房地产、汽车、IT等行业自行谋职。

很多中小型家族企业一般属于劳动密集型产业，这些企业的创始人凭借胆大、投机等方式实现企业生存和发展。尽管企业经过资本的原始积累后，已经具备一定的资金优势，但由于家族企业本身缺乏创新和研发实力，极有可能出现经营困难甚至倒闭风险。因此很多接受高等教育的“富二代”，更希望投身高新技术行业，他们觉得，从事高新技术行业才有未来和前途。

专家点拨

许多家族企业老板认为，自己所从事的行业属于夕阳产业，面临着劳动力短缺、利润下降、国家政策调整等一系列困难，小规模的家族企业已经很难再有进一步发展的空间，而且大部分企业没有自己的品牌，实质不过是重复简单的机械劳动，没有传承意义。

还有一些“富二代”接受过高等教育，在思想和行为上难以与父辈企业家深入沟通，也难以达成一致意见。特别是看到家族企业存在混乱的财务体系、任人唯亲的人力资源管理制度、模糊的股权安排、苛刻的薪酬制度、恶劣的工作环境等，也让“富二代”选择逃离。

二、“富二代”缺乏接班能力

现在很多“富二代”，由于过惯了娇生惯养的生活，缺乏父辈创业时艰苦奋斗的精神，稍微遇到一些挫折，就会一蹶不振。还有些一些“富二代”没有明确的人生追求和目标，也不愿意刻苦钻研管理技巧，难以担当企业管理重担。

理性面对接班人传承

在企业传承的过程中，家族企业将面临两个重大挑战：其一，家族企业如何使所有家族成员达成共识，齐心协力地推出接班人并辅助接班人；其二，家族企业是否制定了有效的传承计划。

一、解决传承矛盾，先要建立权力移交的协调机制

为了使家族企业的“接力棒”能顺利移交，企业内部必须建立一个协调机制，在企业中营造出团结合作的氛围，建立和谐健康的人际关系。如何做到高效的协调？一般可以通过家族成员会议这种灵活方式，讨论研究家族企业传承问题，使确定接班人既体现出公平性，又照顾到利益相关者的利益。

1. 尊重各方面的意见

家族企业进行权力传承，不仅是家族成员之间的事情，也是企业所有员工共同关心的事情。企业传承是否顺利进行，关系到企业的长治久安，更关系到员工的职业发展。因此，家族企业选择接班人，有必要听取多方面的意见，避免一意孤行。

2. 选择最优秀、最合适的接班人

家族企业选择接班人时，必须选择有才能的家族成员，体现出客观、公平，避免子女间产生矛盾纷争。

3. 制定合适的接班策略

家族企业在制定接班策略时，首先要制定接班人选拔的考核标准和程序。如果选拔标准没有做到公平公正，或者程序上有所偏颇，极容易引起企业权力的争夺战，给企业带来灾难性的后果。

二、制定一个切实可行的传承计划

制定一个切实可行的传承计划，将对家族企业的稳定性起到十分重要的作用。企业制定了传承计划，也就是提前做好了接班人的准备，使得家族企业内部能够保持和谐与团结，能够避免发生接班人争夺战。

家族企业接班计划的情况分析

企业家自身情况	企业家家庭情况	家族企业情况
• 年龄和健康状况 • 个人财务状况 • 生活方式 • 退休计划 • 公益和社会活动	• 家庭成员的情况 • 潜在接班人的兴趣和素质 • 遗产规划和安排	• 经营和财务状况 • 资本结构 • 人事管理、薪酬设计和激励机制

案例

谁是接班人

东莞有一个家族企业，其掌门人突然去世，生前没有来得及留下任何遗嘱。谁来出任董事长？遗产如何继承？公司如何发展？由于事先没有制定好

接班人计划，导致了家族成员和子女之间的遗产纠纷。没有了掌舵人，这家企业的业务和利润也迅速萎缩。

专家点拨

家族企业缺乏继承计划，没有规划好谁是继承者，导致家族成员之间产生纠纷，在投资者、合作伙伴中引起不良后果，这是许多家族企业没有继续生存下来的一个重要原因。

1. 确定接班人人选，避免将来的夺权纷争

家族企业的传承计划，不仅要明确接班人的人选，还要说明通过什么方式交接权力，确定交接的时间。现任企业家主要充分考虑权力移交的各种细节问题，严格遵守具体移交日期，使交接得以平稳过渡。

2. 制定一个清晰的接班目标

家族企业制定接班人计划，目的就是使家族、企业、个人利益最大化。不论谁担任接班人，都必须公平、公正地对待所有的家族成员，才能获得家族成员的支持。只有家族企业壮大了，家族成员的个人利益才能实现最大化。

家族企业接班计划应考虑的目标

家族目标	企业目标	财富管理目标
• 家族领袖的选拔 • 避免家族成员之间的内讧或仇恨 • 维系家族的社会地位 • 保障家族成员的基本生活、医疗和教育所需 • 家族成员的职业发展	• 家族企业基业长青 • 家族对企业的实际控制要求 • 家族对企业的介入程度	• 家族财富的保值 • 遗产分配计划 • 遗产税务管理 • 慈善事业管理 • 家族核心价值观的维护

3. 重视对接班人各方面素质、能力的培养

培养一个合格的接班人，是一个长期的过程。培养接班人，是为家族企业永续经营所做的准备，因此必须得到家族成员、企业员工、供应商、顾客等利益相关者的肯定和支持。而未来的接班人必须在接班计划的引导下，接受严格的能力训练，适当的时候，可以让接班人进入企业，提前进行实习。

案例

磨炼接班人的能力和素质

温州有一个家族企业，企业家在交接班时，就让接班人对企业有一种使命感。从接班人读大学开始，企业老板就为接班人设计了一系列“接班”训练：在国内外学商务管理；在国外还要打工，打工经历包括在餐馆送外卖、洗车以及当销售员，以获取社会经验；回国后，让儿子先后在不同的车间、行政办公室、销售部学习，除了在各个部门的一线锻炼，还要出席各种会议、应酬。企业家觉得，接班人遇到的困难会比他遇到的更多，挑战会更大，所以就要从多方面培养。

专家点拨

家族企业在培养接班人时，“老掌柜”很多采取师傅带徒弟的“传、帮、带”方式。接班人只要有能力就让他上，没能力就不让他上，但必须和其他员工一样，从基层做起，严格考核。

另外，针对家族企业难以找到合适的职业经理人，家族企业可以从内部发现优秀人才，有意识地培养未来的职业经理人。通过内部培养接班人，外部使用“空降兵”，通过职业经理人完成家族企业的代际传承，促成家族企业永续经营，基业长青。

附录
APPENDIX

企业家族化程度测评题

测评问卷说明：

（1）本测评问卷有30个问题，问题采用单项选择的方式。

（2）通过解答，能让你增加人力资源知识，了解企业的家族化程度。

（3）参考答案，请登录网站www. pmt. net. cn → 柏明顿丛书 → 人力资源系列答案。

1．家族式企业的弊端中，不包括下面的哪一项？（　　）

A．组织机制障碍

B．人力资源的限制

C．施行股权激励

D．不科学的决策程序导致失败

2．人员流失增加的企业经营成本中，哪一项成本与人员流失无关？（　　）

A．经济补偿金

B．员工岗前培训

C．采购新设备

D．招聘

3．家族企业面临人才危机，导致人才流失的主要原因是（　　）

A．提供有竞争力的薪酬，让人才具有公平感

B．重视精神激励，让员工感受到尊严

C. 重视员工的职业规划和职业发展

D. 家族企业的条件难以满足人才的需求

4. 如果有家公司的企业文化和谐团结，那么薪酬原则是（　　）

A. 拉开同等级员工差距

B. 奖励个人突出业绩

C. 同等级员工的薪酬差距小

D. 员工薪酬与个人业绩挂钩

5. 绩效管理的核心内容是（　　）

A. 绩效标准

B. 绩效考评

C. 绩效反馈

D. 绩效改进工作

6. 家族企业的核心竞争力是（　　）

A. 文化

B. 战略

C. 制度

D. 亲情

7. 家族企业在可持续发展道路的建设，不包括的项目是（　　）

A. 健全法律，规范市场，完善市场平台

B. 完善职业经理人市场和信用评价体系

C. 进行内部改革

D. 领导岗位都安排家族成员

8. 家族企业的人力资源管理转型，哪一项是错误的做法？（　　）

A. 人力资源部像花瓶一样是“摆设”

B. 科学改造人力资源管理流程

C. 摆正人力资源部的企业战略位置

D. 人力资源工作者要明确角色定位

9. (   ) 不是岗位分析的结果之一

A. 工作说明书

B. 组织机构图

C. 职务晋升图

D. 岗位规范

10. 企业招聘员工最直接的目的是为了(   )

A. 招聘到精英人员

B. 获得组织所需要的人

C. 增加单位人力资源储备

D. 提高单位影响力

11. (   ) 不是企业制定培训的基本原则

A. 战略原则

B. 长期性原则

C. 系统性原则

D. 投资效益原则

12. 在薪酬管理工作中，企业往往引入薪点，它的主要作用是(   )

A. 便于薪酬的计算

B. 便于薪酬与绩效的挂钩

C. 便于财务部门发放工资

D. 便于薪酬的管理

13. 家族企业家存在的培训误区中，不包括哪一项？(   )

A. 培训没有起到什么作用，只是不断浪费钱

B. 培训就是万能钥匙，能解决所有问题

C. 培训只是为他人作嫁衣，不想花这冤枉钱

D. 培训提升员工的素质能力，提高企业竞争力

14. 薪酬原则是企业给员工传递信息的渠道，也是企业（　　）的体现

A. 价值观

B. 发展战略

C. 文化

D. 目标

15. 企业适当拉开员工之间的薪酬差距，这体现了（　　）原则

A. 对外具有竞争力

B. 对内具有公正性

C. 对员工具有激励性

D. 吸引人才的

16. 宽泛型的薪酬等级，它的特点是薪酬等级少、成平行型，这种等级类型在（　　）、业务灵活性强的企业中常见

A. 成熟的

B. 不成熟的

C. 规模很大的

D. 规模很小的

17. 家族式管理的弊端不包括哪一项？（　　）

A. 外来人才没有发展空间，无奈离职

B. 在经营和决策方面，注重实效和负责任

C. 家族成员“窝里斗”，形成“小集团”

D. 管理制度形同虚设，执行难度加大

18. 为了使企业支付员工的薪酬水平保持公平合理的额度，企业应进行（　　）

A. 绩效考核

B. 岗位评价

C. 劳动定额

D. 薪酬调查

19. 员工绩效直接影响企业的效益，它的特点主要有多因性、多维性和（　　）

A. 动态性

B. 标准化性

C. 持续性

D. 有目的性

20. 从实际情况上来说，（　　）岗位更适合从内部招聘任职者

A. 技术类

B. 性质类

C. 生产类

D. 营销类

21. 当员工提出辞职时，组织应该（　　）

A. 报告上级除名

B. 深恶痛绝

C. 为员工解除困难，把员工争取回来

D. 冷眼相看

22. 企业进行内部招聘的时候，使用的方法不包括（　　）

A. 推荐法

B. 借助中介法

C. 布告法

D. 档案法

23. 企业是否给人力资源部提供财力、物力支持，并适当授权，这是评价（　　）成功与否的标准之一

A. 人力资源工作

B. 培训工作

C. 考核工作

D. 招聘工作

24. 企业进行岗位分析，首先是收集和研究（　　），收集每个岗位相关的资料

A. 该组织的部门总数

B. 该组织的员工总数

C. 该组织的全部资料

D. 该组织的人力资源状况

25. 企业为了吸引求职者，最有效的关键是在招聘会场设立一个（　　）

A. 展位

B. 需求表

C. 招聘代表

D. 公司象征物

26. 开放式提问的面试方式，一般用于应聘人员的面试初期，目的在于（　　）

A. 获取更多的信息

B. 尽快了解情况

C. 缓解面试的紧张气氛

D. 应聘者的能力

27. 企业在向员工培训前，与员工签订培训服务协议，（　　）一般不列入这个协议书

A. 培训内容和目的

B. 培训后的考试成绩

C. 部门经理人员的意见

D. 培训后的违约补偿

28. 下面的内容不是培训后的措施的是（　　）

A. 向讲师致谢

B. 问卷调查

C. 结业证书颁发

D. 联谊活动

29. 企业对员工的考评程序，一般从（　　）开始，然后对中层人员进行考评

A. 领导

B. 高层经理

C. 基层员工

D. 市场员工

30. 企业在制定薪酬管理原则时，首先要进行的工作是（　　）

A. 薪酬调查

B. 了解劳动力需求关系

C. 岗位分析

D. 了解企业的财力状况

中高层人员在家族企业中的匹配程度测评题

测评问卷说明：

（1）本测评问卷有30个问题，问题采用单项选择的方式。

（2）通过解答，能让企业中高层人员了解在企业中的匹配程度，学习管理知识。

（3）参考答案，请登录网站 www. pmt. net. cn → 柏明顿丛书 → 人力资源系列答案。

1. 企业进行管理审核的目标是（　　）

A. 评价主管人员的工作质量和管理水平

B. 评价工人的工作质量和技术水平

C. 评价厂长（经理）的工作质量和管理水平

D. 评价一个组织整个管理系统的管理质量

2．企业计划是一种动态过程，其步骤包括（　　）

A．预测、决策、制订方案

B．确定目标；预测、决策、预算并拟定派生计划

C．预测、决策；制订方案；预算

D．确定目标；拟定可行方案；决策、执行可行方案

3．我们强调对人的管理要因人而异，这是一种（　　）的观点

A．复杂人

B．自我实现人

C．经济人

D．社会人

4．我们进行企业管理工作的核心是（　　）

A．计划

B．组织

C．协调

D．控制

5．下面哪一项不是我国推行现代企业制度的基本要求？（　　）

A．权责明确

B．产权明晰

C．政企分开

D．自负盈亏

6．在企业中，越接近组织的最高管理层，管理人员的管理幅度就（　　）

A．越大

B．越小

C．不能确定

D．与管理层次无关

7．商鞅变法时，他对能将木桩从南门移到北门的人，奖励五百金，但没

有人去尝试。根据期望理论，这是由于（　　）

A. 五百金的效价太低

B. 居民对完成要求的期望很低

C. 居民对得到报酬的期望很低

D. “枪打出头鸟”，大家都不敢尝试

8. 在一定的企业规模下，管理幅度越大，其管理层次就会（　　）

A. 越少

B. 越多

C. 时多时少

D. 不变

9. 我国目前大多数企业都采用（　　）组织形式

A. 直线制

B. 职能制

C. 直线职能制

D. 事业部制

10. 在企业的所有资产中，（　　）是无形资产

A. 企业战略

B. 企业行为准则

C. 企业市场商誉

D. 企业文化

11. （　　）将促使组织更多地进行集权而不是分权

A. 决策信息的广泛

B. 培养后备管理人员

C. 企业规模的扩大

D. 组织命令的统一性

12. 企业进行分权的主要意义在于（　　）

A. 可以减轻上级领导的工作负担，使他们集中精力处理战略问题

B. 可以使上级领导有更多的时间处理对外关系

C. 可以让下级来参与上级的决策，从而提高下级的工作积极性

D. 使得下级可以先斩后奏，从而提高应变能力

13. 如果你是公司总经理，当你发现公司中存在许多小团体时，你的态度是（　　）

A. 立即宣布这些小团体为非法，予以取缔

B. 深入调查，找出小团体的领导人，向他们提出警告，不要再搞小团体

C. 只要小团体的存在不影响公司的正常运行，可以对其不闻不问，听之任之

D. 正视小团体的存在，允许、鼓励其存在，对其行为加以积极引导

14. 当一位骨干科研工作者显示出卓越的技术才能时，作为领导者，对其应该实行的激励应是（　　）

A. 高额奖金

B. 配备最好的研究条件

C. 提职

D. 精神奖励（如评为劳模等）

15. 按照正常地位情况，大型企业高层领导有效指挥的下属数量应该是（　　）

A. 6~9 人

B. 9~15 人

C. 15~20 人

D. 20 人以上

16. 企业总体战略是涉及企业经营全局的战略，不属于企业总体战略的是（　　）

A. 集团化战略

B. 多样化战略

C. 一体化战略

D. 集中重点战略

17. 不属于影响企业间竞争力的因素的是（　　）

A. 资金实力

B. 营销能力

C. 法律法规

D. 资源占有

18. 企业进行产品开发时，可采取三种不同战略，除了（　　）

A. 领先战略

B. 追随战略

C. 模仿战略

D. 进攻战略

19. 企业要成功地实现成本优势战略，必须（　　）

A. 是本行业中唯一一个实施该战略者

B. 满足客户对产品的多种多样的要求

C. 将企业的资源集中运用于有限的产品生产

D. 要有进有退，有所为有所不为

20. 企业将经营目标集中到某一部分细分市场上，以显现相对优势的战略，属于（　　）

A. 低成本战略

B. 差异化战略

C. 重点战略

D. 稳定战略

21. 在竞争中，企业要根据自己的实际制定相应的竞争策略。可采取的竞争策略有（　　）

A. 追求最低成本

B. 实行产品差异化

C. 集中重点或专业化

D. 以上策略皆可选择

22. 家族企业生命周期非常短，解释这一现象最不具有说服力的观点是（　　）

A. 企业缺乏对主要产品的市场生命周期的了解，没有新的经济增长点

B. 市场竞争过于激烈，而且面对国外的竞争者

C. 中国市场不规范，假冒伪劣产品太多

D. 中国的企业家素质过低，缺乏长远发展眼光

23. 在短时间内发展、壮大起来的企业就叫羚羊型企业，但随着我国市场经济的成熟，这类企业会越来越少，这主要是（　　）

A. 羚羊型企业作为优秀企业毕竟是少数

B. 羚羊型企业作为发展快的企业毕竟是少数

C. 能提供如羚羊型企业那样快速发展的外部市场机会越来越少

D. 羚羊型企业作为成熟企业毕竟是少数

24. 企业在经营时，实行多角化经营，最主要的目的是（　　）

A. 降低成本

B. 分散风险

C. 扩大市场

D. 增加利润

25. 企业在设计组织结构时要与其战略相匹配，提法不正确的是（　　）

A. 战略不同，要求开展的业务活动也会随之不同

B. 不同战略有不同的重点，会影响各部门与职务的相对重要性及相互关系

C. 不同企业组织结构决定了不同的企业战略

D. 不同的企业组织结构具有不同的战略优势与劣势

26. 制约家族企业长期发展壮大的主要问题是（　　）

A. 人才队伍的素质与投入精神

B. 资金的筹措与运用

C. 产品所处的生命周期阶段

D. 组织结构合理与否

27. 企业在制定经营战略时，实施的第二个步骤是（　　）

A. 形成战略思想

B. 拟定、评价和选择战略方案

C. 实施战略方案

D. 进行环境调查

28. 企业把收集到的信息，提供给企业中层管理者使用，称为（　　）

A. 战略信息

B. 特殊情报

C. 战术信息

D. 决策信息

29. 能发挥组织成员能力的重要条件是（　　）

A. 目标与任务对应

B. 分工与协作统一

C. 统一领导、分级管理

D. 权责相等

30. 当企业的经济效益下降，而生活成本提高时，企业一般会（　　）

A. 减少员工工资

B. 增加员工工资并裁员

C. 维持现状

D. 减少员工工资并裁员

“8+1”绩效量化技术案例精选

案例

化工涂料制造企业绩效考核

某公司是香港一上市公司下属的生产制造企业，目前有员工800多人。公司发展稳健，效益好，且以较快的速度增长，规模也在不断扩大。但公司高层感觉在人力资源上仍有巨大的发展空间，故特聘请柏明顿公司管理咨询师帮助其改善人力资源管理工作。

【现状分析】

通过深入调查，我们发现该公司在人力资源管理方面主要存在如下问题：

◆各个部门的负责人在对公司战略目标的认识上存在较大的差异。有些人不了解公司的目标，有些人认为公司的目标仅仅是一个参考。大部分部门负责人对部门的发展没有合理的规划，少数有规划的部门是根据部门自身的需求进行规划的；

◆全公司执行的年度绩效方案，以定性的方式为主，考核的结果也没有太多的应用，主要是作为人员管理的一个参考。有些部门自行制定了员工考核方案，仍主要以定性的指标为主，影响了考核的公正性；

◆薪酬制度的设计没有经过人工成本分析，也没有以外部市场薪酬数据的调查为参考；

◆薪酬支付不是以岗位评价为前提，部门负责人之间的薪酬水平的差距很大，影响了支付的内部公平性；

◆薪酬的支付没有与绩效结合，使薪酬的激励效果大大降低。

【柏明顿解决方案】

根据公司实际情况，制定一套合理而适用的绩效薪酬方案。

◆绩效管理体系设计。采用BSC与“8+1”绩效量化技术，为该公司建立绩效管理体系，使个人目标与公司目标相结合，以保证公司目标的实现；

◆ 薪酬管理体系设计。采用“三三制”薪酬设计技术，以科学的岗位评价为基础，使员工的收入与岗位、技能、绩效相联系，建立内部公平、外部公平、自身公平的薪酬体系。

【方案实施】

在方案实施过程中，通过讨论、讲解，对出现的问题及时给予解决，最终使公司的绩效体系顺利运转，并与薪酬方案辅导实施配套。

【实施效果】

方案实施后，员工之间沟通、协作的能力明显加强，公司内部员工的工作热情极大地增强了。

案例

某餐饮企业绩效考核咨询

某餐饮家族企业，创立于1994年，经过十几年的发展，至今已有10家全资子公司，经营横跨山东、北京两大地区，总营业面积9万平方米、员工近3000人，总资产达16亿元。历经多年商海洗礼，该企业已成功跻身于中国百强企业之列。随着市场经济的飞速发展，该公司高层感觉在人事管理方面有些力不从心，故特聘请柏明顿公司管理咨询师帮助其改善人力资源管理工作。

【现状分析】

通过深入调查综合分析，咨询师认为，该企业人力资源管理的基础较好，人力资源管理的各个模块都比较健全，绩效考核在企业的实施效果比较理想，但是也存在部分不够完善的地方，具体表现如下：

◆考核周期短，经营指标等数据统计较慢；

◆绩效考核和考核评估混为一谈，加入了“能力”和“态度”的考评，导致绩效考核指标过多，重点不突出；

◆考核流程过于复杂，实施成本太高。

【柏明顿解决方案】

◆将月度考核改为两月或季度考核；

◆剔除绩效考核中“能力”和“态度”的考核指标；

◆在风险可控的前提下，适当简化考核流程。

【方案实施】

将公司战略目标转化为可考核的绩效目标，理顺企业年度经营关键指标，建立各部门、各岗位的绩效考核表，组织部门绩效集中讨论、部门内部讨论，制订绩效考核操作规程，确定绩效考核与薪酬、制订培训、晋升等的关联，培训方案、设计绩效管理体系并科学运用。

【实施效果】

随着绩效考核体系的改善，新的绩效考核系统大大节省了人力成本，考核效果也进一步提高，新的考核系统更利于企业操作，同时减轻了 HR 部门的工作量，以前每到月末就是考核部门焦头烂额的时候，现在大家都能轻松下班。各个层级的员工对新的考核系统反映良好。

案例

某化工设备制造企业绩效考核

该公司是国内知名的化工设备制造企业之一，成立于 1982 年，目前有员工 2000 多人。该公司自 2000 年以来发展迅速，企业盈利连续 6 年增长超过 30%。但近年来随着行业竞争的加剧以及国内外原材料价格的大幅上涨，公司成本压力越来越大，以前粗放的管理模式使企业不再拥有竞争力。公司高层在进行内部改革时，发现目前的员工已无法适应新形势下的管理需要，企业官僚作风也开始盛行。公司决定首先解决人事方面的问题，故特聘请柏明顿公司管理咨询师帮其改善人力资源管理工作。

【现状分析】

通过深入调查，咨询师发现该公司在人力资源管理方面主要存在如下问题：

◆部门职能、岗位说明书流于形式，部门职能界定不清楚，存在着大量职能交叉或缺失，经常出现原岗位负责人离职后，很多工作无法正常开展；很多新岗位没有岗位说明书，增加了新员工或转岗员工的学习难度；

◆没有明确的业务流程，员工多根据经验办事，很多流程环节过多，办事效率低下，影响了客户的满意度；

◆没有员工退出机制，公司目前人员数量远大于需求量，由于没有一套评价机制，导致了员工只进不出的局面，给公司带来很大的人力成本压力；

◆没有开展绩效考核，员工的收入和工作业绩关联性不大，资历成为薪酬的决定因素。

【柏明顿解决方案】

◆根据公司发展战略，对公司目前的组织架构进行了调整，将原来由总经理直接管理各部门的结构划分为营销、技术、生产三个系统和财务、人力资源两个职能部门，减轻了总经理负担。重新界定了各部门的部门职能，根据新的部门职能，设计了新的岗位说明书；

◆ 在组织架构调整和部门职能重新界定的基础上，对公司的主要业务流程进行梳理，删减去多余环节；

◆ 推行量化的绩效考核，根据绩效考核结果实行末位淘汰。重新进行岗位评价，确定各岗位的实际价值，结合市场薪酬水平，确定各岗位的工资等级。

【方案实施】

在方案实施过程中，通过讨论、讲解，对出现的问题及时给予解决，在确保公司新的组织架构正常运行的情况下，辅导人力资源部推进绩效考核，并对相关人员进行了操作培训，确保了整套方案的顺利实施。

【实施效果】

绩效考核实施后，员工之间沟通、协作的能力加强了，员工招聘、培训和薪酬设计有了明确、具体的标准，员工的工作热情也极大地增强了。

案例

某家具公司绩效管理咨询

该公司是一个生产中高档家具的家族企业，实现产销一条龙，目前有员工500多人，总公司下辖若干分公司和子公司。该公司实行家族式管理，除了少数骨干，其他人干好干坏没什么差别。公司高层感觉在绩效管理体系建设方面力不从心，故特聘请柏明顿公司管理咨询师帮助其改善绩效管理工作。

【现状分析】

通过深入调查，咨询师发现该公司在绩效管理方面主要存在如下问题：

◆绩效管理体系高度不够，具体表现为绩效考评没有与总公司的绩效挂钩，缺乏总揽全局的高度；

◆绩效管理体系宽度不够，具体表现为经营单位的量化考核相对较好，而科室的量化考核不够；

◆绩效管理体系深度不够，具体表现为缺乏对员工个人的考评区分；

◆绩效考评结果与薪酬挂钩的方式不科学，具体表现为简单的倒扣，全是负激励，而且没有系统性。

【柏明顿解决方案】

◆根据总公司的发展战略，运用BSC建立总公司的KPI绩效考核指标，并进一步分解到各个单位；

◆建立科室的量化考核指标；

◆根据各个单位的绩效等级进一步对员工进行考评区分，确定每个员工的绩效等级；

◆根据绩效考评分数，用绝对标杆法确定经营单位的绩效等级，用强迫分布法确定科室的绩效等级，用强迫分布法确定单位内员工的绩效等级。针对不同的绩效等级，计发绩效工资的系数不同，有奖有罚。

【方案实施】

在方案制订后，带领有关人员进行了实操演练，让大家熟悉整个绩效考评的工作流程和要求，并启用《绩效管理体系改善记录清单》教给大家如何持续改善绩效管理体系。经过上述教练过程，该公司已能独立运行新的绩效管理体系。

【实施效果】

方案实施后，员工的收入与绩效水平挂钩，解决了干好干坏一个样的问题，员工的工作热情明显增强了。

案例

某通讯设备连锁销售企业绩效考核

该公司是一家通讯设备连锁销售企业，是当地手机销售的最大企业之一，成立于2000年，目前有员工2000多人。该公司发展稳健，效益好，企业规模不断扩大。由于人员和规模的倍数增长，企业管理的规范化和标准化急需加强。公司高层尤其是决策层感觉在人力资源管理方面常常力不从心，故特聘请柏明顿公司管理咨询师帮助其改善人力资源管理工作。

【现状分析】

通过深入调查，我们发现该公司在人力资源管理方面主要存在如下问题：

◆公司虽然有30多家连锁门店，但门店的标准化管理不足，门店各有特点，标识也不统一；

◆部门职能不清晰，岗位职责比较模糊，业务流程比较混乱，部门之间经常扯皮或互相推诿，管理效率比较低，新进人员无所适从，流失率较高；

◆员工对薪酬感觉不公平，留不住人，尤其是部门经理一级。

【柏明顿解决方案】

◆根据公司实际情况，制定统一的门店标准化管理手册，统一各个门店店长的管理职责和管理流程，明确各个岗位职责；

◆明晰部门职能，梳理公司核心流程；

◆设计可操作的绩效管理方案；

◆设计以绩效为导向的绩效型薪酬体系。

【方案实施】

在方案实施过程中，通过讨论、讲解，对出现的问题及时给予解决，并对相关人员进行了操作培训。

【实施效果】

方案实施后，员工的工作热情极大地增强了。

延伸阅读

编辑的话 亲爱的读者，感谢您选择了这本书。如果没有您，这凝聚了作者与编辑心血的作品，就太寂寞了。

《这样激励最有效——员工激励十大方法》

为中国企业量身定制的员工激励全效方案
十大方法引爆员工潜能，
为企业找到效率倍增的绝佳路径

著名管理咨询专家胡八一结合多年的理论研究成果和实战经验，从权力、目标、参与、晋升、培训、情感、荣誉、榜样、挫折和激励十个方面详细阐述，把员工激励这样一个系统工程掰开揉碎，让管理者在最短时间内对症下药，掌握激励员工的精髓，是企业管理者和人力资源从业者必备的工具书。

作者:胡八一　定价:38.00 元　ISBN: 978-7-301-17931-4

《天生改善力——绩效提升 200%的秘密》

每个人、每个机构都有与生俱来的改善力
如果你已经知道了丰田生产方式，你更需要知道 IE

任何行业，任何工作，任何岗位，都有改善的余地；无论是普通员工还是企业管理者、经营者，每个人都有与生俱来、无师自通的潜在改善力。只要善加激发和调动每个人的天生改善力，就可以发挥超出想象的巨大威力，大幅提升企业的整体绩效。书中运用了IE（工业工程）理念，给出了一套激发个人天生改善力的有效方法。

作者:杨望远　定价:28.00 元　ISBN: 978-7-301-17893-5

《纵横人心》

你的企业有多少精力浪费在人的消耗上?

集中内力，才能向外攻城略地；解决人的问题，才能真正形成企业合力。

你的企业是不是总有没完没了的冲突产生？可是出现问题了员工之间又相互推诿？不涨工资员工抱怨，涨了工资员工还是要闹……本书列举的这十种现象，就是胡八一博士在长期的咨询实践中，根据企业经常遇到的管理难题，进行搜集和整理得来的。本书为读者呈现的，不仅仅是单个的“问题—解决”之道，更重要的，是希望帮助企业在逆境中前行，在危机前反思。

作者:胡八一　定价:39.00 元　ISBN: 978-7-301-14028-4

《企业文化落地高效手册》

国内第一本企业文化落地的高效实操手册

海尔、联想等数十家知名企业文化建设经验总结

本书是系统阐述企业文化落地的实战之作，结合大量实操程序和实际案例，对实现企业文化建设从悬浮到落地，提供了行之有效的解决方案。

如何构建企业文化理念体系？怎样策划开展企业文化活动？怎样向公众展示企业的良好形象？……所有在企业文化建设过程中遇到的问题，你都能从书中找到答案。

作者：杨克明　定价：30.00 元　ISBN：978-7-301-17892-8

《人力资源操作与风险规避指引手册(第 2 版)》

国内权威专家为人力资源从业者量身定做

人力资源管理操作与风险规避专业书籍

书中内容涵盖了人力资源管理工作中的重点与难点，如人力资源重要法规、人力资源制度操作与风险规避、员工关系管理规划与实施等，为人力资源从业者提供了一套科学实用的操作流程参考标准，以帮助他们合理制定人力资源制度，有效地规避人力资源管理的法律风险，提高人力资源管理水平。书中提供的各种表格、模板，可以拿来就用，为人力资源从业者节省大量的时间和精力，起到事半功倍的效果。

本书既是人力资源管理的制度大全，又是人力资源从业者必备的案头工具书，时常翻阅，可让工作更加得心应手。

作者：程向阳等　定价：75.00 元　ISBN：978-7-301-18071-6

《绩效考核指标设计》

适合中国企业的绩效考核实用工具书

大中型企业、各个部门、各类员工的考核方案设计

企业进行绩效考核时，常会遇到以下问题：考核目标不清晰，员工缺乏认同感；公司绩效没提升，大家绝对不多干；制定指标没依据，员工认为不公平……

本书能帮助企业解决绩效指标设计中的核心问题，并提供清晰、完整的解决方案，让企业管理者和人力资源从业者第一时间掌握绩效管理的精髓。

作者：魏钧　定价：38.00 元　ISBN：978-7-301-17831-7

《三三制薪酬设计案例精选》

三大价值导向，三大基础工程，三大设计技术

——构造全新的薪酬考核体系

企业薪酬体系设计是否科学合理，不仅关系到员工个人的切身利益，还将直接影响企业的稳定和生产经营效率。“三三制”薪酬体系是最符合中国特色的薪酬激励机制。

作者：胡八一　定价：49.00元　ISBN：978-7-301-11578-7

《人力资源规划实务》

解决人力资源管理中的疑难问题

人力资源经理的案头宝典

人力资源，尤其是人才资源的有效管理和运用，是企业能够获取持续性竞争优势和利润的首要利器。因此公司每一个管理干部都必须深切体认他们在人力资源管理和开发方面所应扮演的角色，以确保公司战略目标的达成。

作者：胡八一　定价：39.00元　ISBN：978-7-301-13103-9

《8+1 绩效量化技术》

最简单、最有效的绩效考核方法！

有效的绩效考核是企业薪酬管理的基础，然而几乎所有管理者都面临绩效指标难以量化的难题，为什么？缺乏一套真正具有实操意义的工具！“8＋1”绩效量化技术将使您正确分解组织和个人的目标及绩效考核指标，顺利地对绩效指标进行量化，从而有效提升组织与个人的工作绩效。

作者：胡八一　定价：26.00 元　ISBN：978-7-301-09756-5

更多好书，尽在掌握

大宗购买、咨询各地图书销售点等事宜，请拨打销售服务热线：010-82894445

媒体合作、电子出版、咨询作者培训等事宜，请拨打市场服务热线：010-82893505

推荐稿件、投稿，请拨打策划服务热线：010-82893507，82894830

欲了解新书信息，第一时间参与图书评论，请登录网站：www.21tbcbooks.com.cn